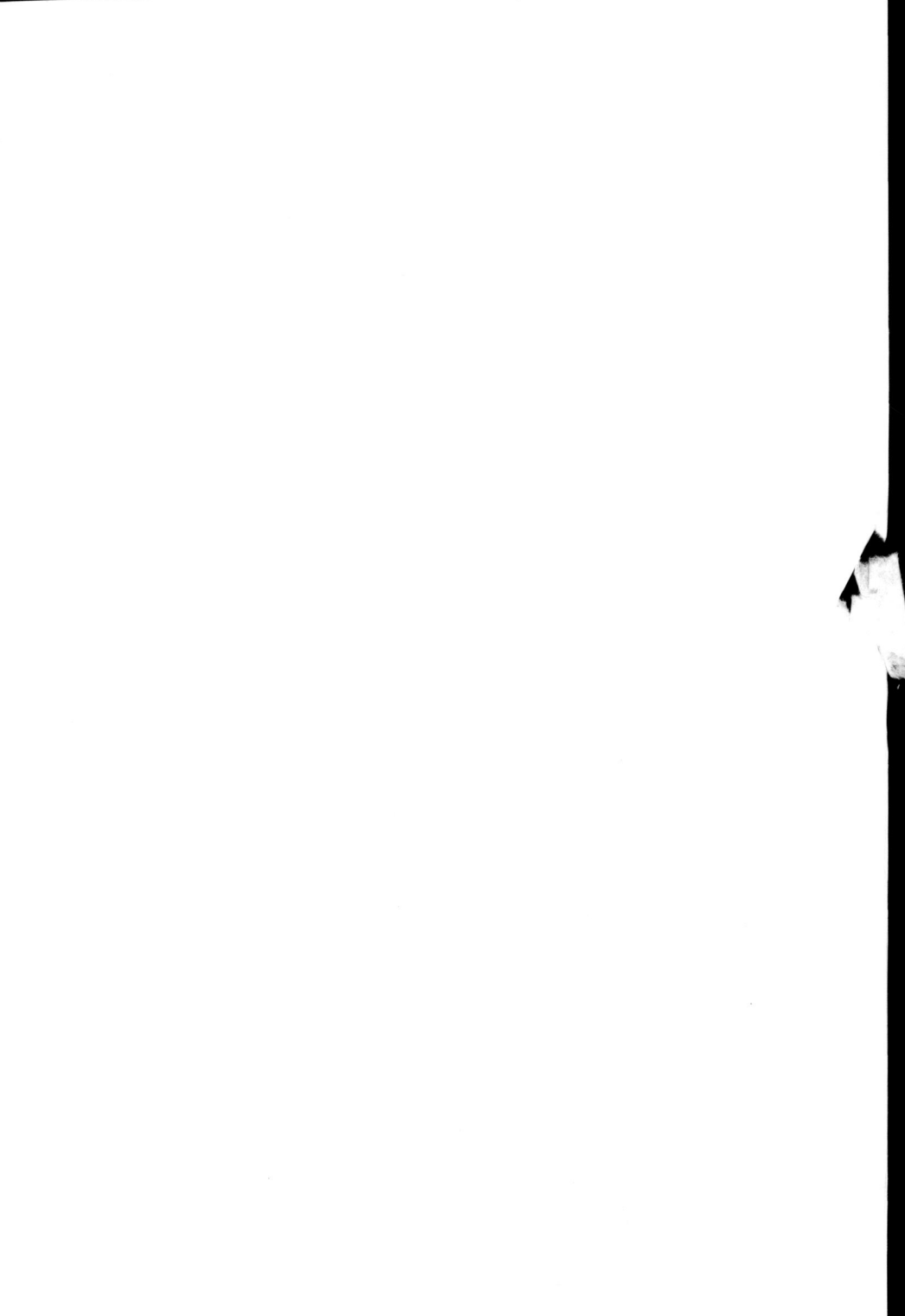

思想的・睿智的・獨見的

經典名著文庫

學術評議

丘為君　吳惠林　宋鎮照　林玉体　邱燮友
洪漢鼎　孫效智　秦夢群　高明士　高宣揚
張光宇　張炳陽　陳秀蓉　陳思賢　陳清秀
陳鼓應　曾永義　黃光國　黃光雄　黃昆輝
黃政傑　楊維哲　葉海煙　葉國良　廖達琪
劉滄龍　黎建球　盧美貴　薛化元　謝宗林
簡成熙　顏厥安（以姓氏筆畫排序）

策劃　楊榮川

五南圖書出版公司 印行

經典名著文庫

學術評議者簡介（依姓氏筆畫排序）

經典名著文庫209

充足理由律的四重根

Über die vierfache Wurzel des Satzes vom zureichenden Grunde

〔德〕叔本華(Arthur Schopenhauer) 著
陳曉希 譯
洪漢鼎 校
彭文本 導讀

經典永恆・名著常在

五十週年的獻禮・「經典名著文庫」出版緣起

總策劃 楊榮川

閱讀好書就像與過去幾世紀的諸多傑出人物交談一樣——笛卡兒

五南，五十年了。半個世紀，人生旅程的一大半，我們走過來了。不敢說有多大成就，至少沒有凋零。

五南忝為學術出版的一員，在大專教材、學術專著、知識讀本出版已逾壹萬參仟種之後，面對著當今圖書界媚俗的追逐、淺碟化的內容以及碎片化的資訊圖景當中，我們思索著：邁向百年的未來歷程裡，我們能為知識界、文化學術界做些什麼？在速食文化的生態下，有什麼值得讓人雋永品味的？

歷代經典・當今名著，經過時間的洗禮，千錘百鍊，流傳至今，光芒耀人；不僅使我們能領悟前人的智慧，同時也增深加廣我們思考的深度與視野。十九世紀唯意志論開創者叔本華，在其〈論閱讀和書籍〉文中指出：「對任何時代所謂的暢銷書要持謹慎的態度。」他覺得讀書應該精挑細選，把時間用來閱讀那些「古今中外的偉大人物的著作」，閱讀那些「站在人類之巔的著作及享受不朽聲譽的人們的作品」。閱讀就要「讀原著」，是他的體悟。他甚至認爲，閱讀經典原著，勝過於親炙教誨。他說：

「一個人的著作是這個人的思想菁華。所以，儘管一個人具有偉大的思想能力，但閱讀這個人的著作總會比與這個人的交往獲得更多的內容。就最重要的方面而言，閱讀這些著作的確可以取代，甚至遠遠超過與這個人的近身交往。」

爲什麼？原因正在於這些著作正是他思想的完整呈現，是他所有的思考、研究和學習的結果；而與這個人的交往卻是片斷的、支離的、隨機的。何況，想與之交談，如今時空，只能徒呼負負，空留神往而已。

三十歲就當芝加哥大學校長、四十六歲榮任名譽校長的赫欽斯（Robert M. Hutchins, 1899-1977），是力倡人文教育的大師。「教育要教眞理」，是其名言，強調「經典就是人文教育最佳的方式」。他認爲：

「西方學術思想傳遞下來的永恆學識，即那些不因時代變遷而有所減損其價值的古代經典及現代名著，乃是眞正的文化菁華所在。」

這些經典在一定程度上代表西方文明發展的軌跡，故而他爲大學擬訂了從柏拉圖的《理想國》，以至愛因斯坦的《相對論》，構成著名的「大學百本經典名著課程」。成爲大學通識教育課程的典範。

歷代經典．當今名著，超越了時空，價値永恆。五南跟業界一樣，過去已偶有引進，但都未系統化的完整舖陳。我們決心投入巨資，有計劃的系統梳選，成立「經典名著文庫」，希望收入古今中外思想性的、充滿睿智與獨見的經典、名著，包括：

- 歷經千百年的時間洗禮，依然耀明的著作。遠溯二千三百年前，亞里斯多德的《尼各馬科倫理學》、柏拉圖的《理想國》，還有奧古斯丁的《懺悔錄》。
- 聲震寰宇、澤流遐裔的著作。西方哲學不用說，東方哲學中，我國的孔孟、老莊哲學，古印度毗耶娑（Vyāsa）的《薄伽梵歌》、日本鈴木大拙的《禪與心理分析》，都不缺漏。
- 成就一家之言，獨領風騷之名著。諸如伽森狄（Pierre Gassendi）與笛卡兒論戰的《對笛卡兒沉思錄的詰難》、達爾文（Darwin）的《物種起源》、米塞斯（Mises）的《人的行爲》，以至當今印度獲得諾貝爾經濟學獎阿馬蒂亞・森（Amartya Sen）的《貧困與饑荒》，及法國當代的哲學家及漢學家朱利安（François Jullien）的《功效論》。

梳選的書目已超過七百種，初期計劃首爲三百種。先從思想性的經典開始，漸次及於專業性的論著。「江山代有才人出，各領風騷數百年」，這是一項理想性的、永續性的巨大出版工程。不在意讀者的眾寡，只考慮它的學術價值，力求完整展現先哲思想的軌跡。雖然不符合商業經營模式的考量，但只要能爲知識界開啓一片智慧之窗，營造一座百花綻放的世界文明公園，任君遨遊、取菁吸蜜、嘉惠學子，於願足矣！

最後，要感謝學界的支持與熱心參與。擔任「學術評議」的專家，義務的提供建言；各書「導讀」的撰寫者，不計代價地導引讀者進入堂奧；而著譯者日以繼夜，伏案疾書，更是辛苦，感謝你們。也期待熱心文化傳承的智者參與耕耘，共同經營這座「世界文明公園」。如能得到廣大讀者的共鳴與滋潤，那麼經典永恆，名著常在。就不是夢想了！

二〇一七年八月一日 於

五南圖書出版公司

目錄

《充足理由律的四重根》導讀

叔本華（Arthur Schopenhauer）一七八八年二月二十二日生於但澤港（Danzig），叔本華的父親海利希（Heinrich Schopenhauer）是一個成功的商人，擁有龐大的產業，但是他個性孤僻、嚴肅、憂鬱；叔本華的母親約翰娜（Johanna Schopenhauer）比她丈夫小二十歲，而且活潑好動、善於交際、情緒多變，且頗有文學才能。叔本華一方面繼承了母親的文才，同時也繼承了父親憂鬱的性格。父親因經商之故，不喜歡歐陸的保守氣氛，希望自己的兒子成爲英國人。叔本華未出世前幾個月，父親帶著母親乘船前往倫敦，但是此時剛好冬天，倫敦天天籠罩在陰暗的大霧裡，母親無法忍受這樣的氣氛，要求其丈夫返回但澤港。經過數十日大浪的折磨，回到但澤港的約翰娜，終於生下他們的長子亞瑟，而又過了兩年他妹妹露易絲（Luise Schopenhauer）誕生。一七九三年波蘭被第二次瓜分，但澤港不再是自由港，因此叔本華舉家遷往另一個自由港——漢堡。一八〇一年父親帶著一家人遊歷歐洲各國長達二年，但是此時正好是拿破崙攻打整個歐洲。在這兩年的旅行，叔本華經歷的是許多經過戰爭的殘破的景象，對他幼小的心靈產生巨大的影響。這場旅行之後（一八〇三），叔本華的雙親因個性差異分居，約翰娜帶著一對兒女自己搬回但澤港。一八〇五年叔本華在父親要求下回到漢堡學習商務，但是這一年他父親不明原因死亡（有人說是自殺）。爲了成爲文學家，約翰娜帶著一雙兒女遷往威瑪（Weimar），在當地的文學界頗爲活躍，她的文學沙龍中常常出現一些著名的德國文學家如：歌德（Goethe）、施列格（F. Schlegel），而她自己身後出版的著作有二十四卷之多。

一八〇九年叔本華前往以自然科學研究見長的哥廷根（Göttingen）讀大學，他先選擇主修醫學，後來改念哲學。跟隨當時哥廷根重要的哲學家舒爾策（Gottlob Ernst Schulze），後者指導叔本華閱讀康德和柏拉圖的著作，打下他日後的哲學系統發展的基礎。兩年後，爲了更上一層樓，他前往剛成立不久的柏林自由大學，聽費希特（Fichte）和史萊馬赫（Schleiermacher）的課，一八一三年完成其博士論文《充足理由律的四重根》（*Über die vierfache Wurzel des Satzes vom zureichenden Grunde*，以下簡稱《四重根》）。一八一四年搬往德勒斯登，獨立完成他的曠世名著《作爲意志和表象的世界》。該書於一八一八年出版，叔本華以此書在一八二一取得柏林大學編制外講師的資格。爲了與當時同在柏林任教的黑格爾對抗，叔本華把他一星期唯一的課選在和黑格爾一樣的時間，結果只有不到五個學生來聽課，這樣的情況持續到一八三一年黑格爾死爲止，來聽他的課的人仍然是個位數。黑格爾死於一八三一年在柏林流行的霍亂，叔本華也因爲怕被傳染而離開柏林，搬到法蘭克福。叔本華在往後二十年間筆耕不輟，但是仍然默默無名。如果不是他一八五一年的《附錄和補遺》一書引起某英國的雜誌的討論，德國學術界沒有人知道在法蘭克福仍住著一位大哲學家。一八五二年之後，叔本華的住處每天都有來自全世界各地的訪客，他感嘆地說：「尼羅河終於流到開羅」，正如哲學史家 Anthony Kenny 所言，叔本華終於在他所說的虛幻的世界中獲得些許掌聲和安慰。一八六〇年叔本華死於肺炎，走完他傳奇的一生。

叔本華一八一三年離開柏林住在 Jena 附近的小鎮 Rudolstadt 完成他這本《四重根》，以此作爲博士論文取得 Jena 大學博士學位，並同時將它出版。此書一八四七年在法蘭克福修改並出版第二版。第一版在行文風格及內容上較爲符合客觀學術談論，較少對其他哲學家（例如黑格爾）尖酸刻薄的謾罵，英語世界流行的翻譯則以一八四七第二版爲主，目前有兩個版本：(1) *On the Fourfold Root of the Principle of Sufficient Reason*, trans. by E. F. J. Payne, Indianapolis: Hackett, 1974；(2) *Schopenhauer: On the Fourfold Root of the Principle of Sufficient Reason and Other Writings*, trans. by Christopher Janaway and ed. by others, Cambridge University Press, 2013）。另外一八一三年第一版也已經有英文翻譯出版：*Schopenauer's Early Fourfold Root*, trans. by F. C. White, Averbury, 1997）。本書中文翻譯是從叔本華一八四七年第二版的德文版的翻譯，譯文內容精確表達叔本華的思想內容，其獨特文風也能從閱讀中傳神地呈現，是一個相當好的譯本。

《四重根》一書是一本理解叔本華哲學發展重要的開始和橋梁，它一方面反省批判當時流行於德語世界的重要哲學家，例如康德、費希特、史萊馬赫、黑格爾等人的思想；另一方面通向之後結合歐洲與印度思想所形成《作爲意志和表象的世界》一書的龐大哲學系統，這一吸納東方哲學的轉向也使叔本華哲學脫離傳統歐洲中心主義的框架，進入一個更爲普遍的視域。叔本華在《作爲意志和表象的世界》第一版序言裡說如果沒有熟悉《四重根》一書，「那就不可能恰當地理解現在這本著作，而且那《四重根》研究的主題內容在此總是被預設著彷彿就包含在現在這本書裡」（W I xiv）。《四重根》一書是屬於知識論的系統性著作，它涉及在《作爲意志和表象的世界》第一卷的內容，而不涉及其他三卷關於形上學、美學與倫理學的議題，因此《作爲意志和表象的世界》第一卷的副標題爲「服從充足理由律的表象」。叔本華把所有知識論的問題歸結到這個唯一的知識論原則上，即「充足理由律」來討論，他引用沃爾夫的學說界定充足理由律：「任何事物都有其爲什麼存在而不是不存在的理由」（§5），或者我們也可以用這樣否定性的表述：「不可能有事物存在而沒有一個充分理由解釋它爲何只能是如此而不是其他的樣子」。根據叔本華這樣的充足理由一共分成以下四大類的表象：

1. 直觀中出現的眞實對象（§§15-25），例如眼前的桌子和椅子，涉及到整個物質世界，追問它們生成的理由，也就是一般說因與果（cause and effect），管轄這類表象的原則稱爲「生成（或變動）的充足理由律」（§20, Satz vom zureichenden Grund des Werdens）。
2. 概念以及判斷等組合（§§26-34），它們涉及的不是實存的對象之因果，而是判斷或推論所根據的理由，又稱「認識的充足理由律」（§29, Satz vom zureichenden Grund des Erkennens）。
3. 算術和幾何的領域，它不屬於第一類實存世界，也不屬於第二類的概念判斷的世界，而是屬於純粹直觀的時間和空間關係的世界（§§35-39），又稱「存在的充足理由律」（§36, Satz vom zureichenden Grund des Seins）。

4. 人類行爲的因果關係（行爲與動機間的關係），第四類類似於第一類在變動中因果關係，但是後者屬於外在的因果關係，前者則是屬於內在的因果關係，叔本華又稱之爲「行動的充足理由律」（§43, Satz vom zureichenden Grund des Handelns）。

叔本華關於這四部分的談論，大致都包含他主張的正面談論與他批判的負面談論，其中比較有創意與值得談論的是第一類和第四類。

1. 關於第一類因果表象關涉的不是某個物體作爲另一個物體的原因，而是同一個持存的物體不同的狀態變化：「把一個物體稱作是另一物體的原因是荒謬的。首先，因爲物體不僅包括形式和質料，而且也包括無始無終的物質；其次，因爲因果規律是專門涉及變化的，就是說是涉及狀態在時間中的出現與消失的，它在其中控制著這樣一種特殊的關係，與這種關係相關的前一個狀態被稱作原因，後一個狀態則被稱作結果」（§20）。此部分最有創意的談論是關於「知覺不單是感性的，而且帶有知性（Verstand）的特徵」（§21），這裡叔本華應用許多當時光學研究的知識來解決其關心的哲學問題，以視覺作爲例子說明知性在知覺活動中所扮演的角色。首先，叔本華區分主觀的感受（Empfindung）和客觀的知覺（Wahrnehmung），前者是人的視覺器官受外在對象刺激在視網膜上留下來的感覺材料（sense data），後者卻是經過知性能力運作得到的結果，他舉了三個知性運作的例子。首先，視網膜得到關於對象的影像，其實根據光學原理是上下左右顛倒（見頁八十圖一），但是我們得到的實際知覺內容卻是與對象完全吻合的影像，如果不是知性功能的介入，感覺材料本身只有顛倒的影像。其次，人的兩個眼睛的視網膜各自受同一個物體的刺激理應獨立地得到不同的感覺，但是知性會把這不同感覺歸於成同一個外在的物體作爲其感覺的原因（見頁八十二圖二）。最後，眼睛獲得的感覺材料只是平面的，但是我們卻可以形成立體的物體之知覺，這也是知性的運作：「事實上，雖然對象充實在整個三維空間之中，但是卻只能在我們的眼睛上形成一個二維的印象；因爲我們眼睛這種器官的性質就是這樣的，在觀察時，我們的感覺只能是平面幾何的，而不能是立體幾何的。在我們知覺中凡是立體的性質，都是由知性附加上去的。」這些論述看出他有許多在自然科學研究見長的哥廷根大學讀醫學系時所受的訓練。

這部分值得注意的另外一個談論是對於康德因果律的先驗證明（§23），叔本華提到康德在經驗的第二類比中區別主觀觀察順序與客觀因果順序的例子：觀察房子和順流而下的船。叔本華認爲兩個例子都是客觀的：「相反，我主張，在這兩種場合之間根本不存在任何差別，我認爲這兩者都是事件，並且我們對這兩種場合中的認識都是客觀的：這就是說，都是本身被主體所認識到了的眞實對象中的變化的認識。這兩種場合都是兩個物體中相對位置的變化。」叔本華這裡的談論可以與許多當代詮釋康德因果律理論的研究做對照。

2. 關於第二類知識的充足理由律主要的內容是把判斷的眞理分成四種：邏輯的（§30）、經驗的（§31）、先驗的（§32）和超邏輯的（§33）。邏輯的眞理是說，某一個判斷的眞理是建立在另外一個判斷作爲其推論前提的眞理之上，例如三段論的結論的眞理裡建立在其大小前提爲眞的情況下。經驗眞理是說，某個判斷的眞理是建立在一個眞實世界中的對象上，例如地球是圓的這個判斷的眞假建立在宇宙中有沒有這樣的天體稱爲地球，以及它有沒有圓的性質。先驗眞理是說，一個判斷建立在人的認識能力，即感性和知性的形式上，「兩條直線並不包含一個空間」，「物質不能產生，也不能消滅」。超邏輯的眞理是說，一個判斷需要符合一切思考的形式條件才可能爲眞，例如：不可能同時肯定又否定一個事物（矛盾律），或是一個判斷或者是眞的或者是假的（排中律）。另外值得注意的是在§34的談論裡，叔本華一方面跟隨康德限縮理論理性所能達到的知識範圍，指出黑格爾的錯誤在於混淆第一類和第二類的充足理由律，另一方面在實踐理性上同樣持限縮理性的態度，並以此反對康德的倫理學的無上命令理論。

3. 這裡叔本華跟著康德的論述，認爲時間空間分別是內感和外感的形式，它們是依賴在心靈上不屬於普遍的觀念（general concept），而是兩種特殊的表象（particular representation），既不屬於第一類的外在世界物體，也不屬於第二類的認識概念，因此自己構成第三類的充足理由律。「空間和時間的特性就在於它們的一切部分都處於相互的關係之中，這樣，它們的每一個部分都是另一個部分的條件並且又以另一個部分爲條件。

我們把在空間中的這種關係，稱爲位置；而把在時間中的這種關係，稱爲連續。」從直觀的關係來看，時間空間作爲一個特殊的單一表象，其內部各部分可以構成條件與受條件限制者的關係，這種關係類似於前兩類表象，但隸屬範圍又相異。叔本華認爲歐幾里得的幾何學除了公設公理依賴空間的直觀之外，其他命題的證明並不是恰當地應用空間的直觀，而是在第二類知識的充足理由律範圍內做邏輯推論而已，這對於幾何學的眞理證明不是首要的，換言之，歐幾里得的證明混淆了第二類和第三類的充足理由律。「三角形各邊及各角間的聯繫，我用它表明，這種關係不僅與原因和結果間的關係〔按：即第一類〕十分不同，而且也與認識的理由和結論間的關係〔按：即第二類〕十分不同，所以這裡的條件可以稱爲存在的理由。當然，對這種存在的理由之透澈理解是可以變爲認識的理由的。」（§36）這個對歐幾里得的批判隱含著前面對於純粹理性的批判，叔本華基本上確信對於空間的非感性直覺的形式，不需要理性的幫助，就能得到屬於空間的眞理。

4. 叔本華把意志以及意志所決定的行動歸於第四類充足理由律：「一切認識都以主體和對象爲前提。因此，即使是自我意識也不是絕對單一的，而是像我們對其他一切事物的意識（即知覺的能力）一樣，也要再進一步分爲被認識到的東西和進行認識的東西。這樣，被認識到的東西就絕對而完全地把自己作爲意志而展示出來。」（§41）叔本華主張我們對於自身的認識不是以「認識主體」（subject of knowing）爲對象，而是以「意志主體」（subject of willing）。這一主張顯然是受費希特的影響，但是這裡提到的意志活動是一種實踐理性的意志，而因爲叔本華認爲這樣的意志仍受充足理由律的管轄，仍然是屬於現象世界的活動，但是在康德和費希特哲學裡，建立純粹理性的意志是可以脫離現象世界的一種能力。

這部分最値得注意的是關於意志概念的理解，在康德著名的現象與物自身二分的架構下，《四重根》中的第四重根「意志」顯然不屬於康德意義下的物自身，即「意志」與「物自身」在《四重根》中是互斥的，但是《作爲意志和表象的世界》一書叔本華卻又主張「意志便是物自身」：「現象稱之爲表象，而進一步不過就是，不論是哪一樣式的表象，所有的表象，即所有的對象，都是現象。不過唯獨物自身便是意志。」（W I, 110）這裡我們必須弄清楚一個問題，爲什麼叔本華在一八一三年的《四重根》裡主張意志受充足理由律管轄而與物自身互斥，而到一八一八年《作爲意志和表象的世界》又主張兩者相同？其間的最大關鍵是對於「意志」一概念的歧義性的轉化，一八一三年使用的「意志」是實踐理性意義上的，它屬於個別理性存在者，一八一八年使用的「意志」則是形而上的意志（metaphysical will），超越個別理性存在者。對叔本華而言，前者仍然在時空的現象世界裡，後者已經脫離時空範圍，因而就是「物自身」。但是爲什麼叔本華在一八一三—一八一八年發生這樣的轉變呢？Moira Nicholls認爲東方的哲學思想影響了叔本華對於「意志」一詞的想法（“The Influence of Eastern Thought on Schopenhauer’s Doctrine of the Thing-in-itself”, in: *Cambridge Companion to Schopenhauer*, 1999），他認爲在一八一三年第一版的《四重根》一書完全沒有提到東方的思想，可見在此之前叔本華對於東方思想幾乎沒有涉獵。叔本華是因爲一八一三年在母親威瑪的住處認識了東方學的專家麥爾（Friedrich Majer，一七七二—一八一八）才對奧義書產生興趣。有可能一八一三—一八一八年之間對奧義書的閱讀影響了叔本華《作爲意志和表象的世界》中的意志概念的轉化，這一點對於理解《四重根》一書的第四部分很重要。

總括言之，《四重根》一書是理解叔本華哲學發展以及從歐洲哲學連接到印度的奧義書思想的橋梁，而有些談論甚至可以延伸到當代關於身體結構與認識能力之間關係，本書可以作爲理解介於東西方各種哲學思想交會處的書籍。

第二版序言

我這篇爲獲取博士學位而最初在一八一三年問世的早期哲學論文，後來又成了我的整個體系的基礎。因此，不能讓它像近四年來我所不知道的那樣繼續售缺了。

另一方面，把這樣一部青年時期的著作連同它的全部錯誤和缺陷一併再次公之於世，對我來說似乎是不負責任的。因爲我清楚，要不了多久，我就沒有能力再來修正它了；而到那時也將是我眞正產生影響的時期，我相信，這將是一個很長的時期，因爲我堅定地信守著塞內卡（Seneca）的諾言：「即使嫉妒曾使你同時代的人都保持沉默，也總會有人出來公正地做出中肯判斷的。」[1]因此，我對這部年輕時的著作做了力所能及的改進，並且，考慮到生命的短暫和難以把握，我甚至必須把這看作是一個特別的機遇，能在六十歲的時候去修正我在二十六歲時寫的東西。

然而，我在這樣做的時候，是打算寬容地對待年輕時的我自己，並且盡可能地讓他自由地討論乃至暢所欲言。只是在他提出了不正確的或多餘的東西時，或者忽略了最精彩的方面時，

1 塞內卡：EP. 79。

我才不得不打斷他的討論進程。而這種情況又是經常地出現的，這就使我的一些讀者也許會想像，他們是在聽一位老人大聲地朗讀一本年輕人寫的書，然而又不時地把它拋在一旁，以便沉浸在同一主題本身的細節之中。

不難看出，一部這樣地被修正了並經過如此長期間隔的著作，是不能達到那種只有一氣呵成的著作才具備的統一性和完美性的。甚至從風格和表達上也能發現如此巨大的差異，使得任何聰明的讀者，都會懷疑自己是在聽一位老年人還是在聽一位年輕人講話。因爲一位年輕人在信心十足地提出自己的論證時的溫和而謙遜的語氣（因爲這位還是相當單純的年輕人十分認眞地相信，一切致力於哲學的人都只在於追求眞理，而且只要是在追求眞理的人都是有價値的），與一位老年人（這位老年人隨著時間的推移，不可避免地發現了唯利是圖的趨炎附勢之徒的上流社會的眞實特徵和目的，並且自己也墜入其中）堅定的但有時又是刺耳的音調形成了鮮明對照。而且，假如他偶爾也隨意地發洩自己的憤怒的話，公正的讀者是很難加以挑剔的；因爲我們看到了當宣稱以眞理爲唯一目的的那些人總是在關注著他們頂頭上司的各種意圖，以及當「上帝是可以用任何一種材料來進行塑造的」（阿普留斯）延及最偉大的哲學家，而且像黑格爾（Hegel）這樣笨拙的**騙子**也厚顏無恥地躋身此列時所導致的後果。的確，德國哲學正備受著其他民族的輕蔑和嘲笑，被趕出了全部眞正科學的領域，就像是爲了骯髒的收入而今天賣身於這個人、明天賣身於那個人的妓女；當今一代**學者**的頭腦被黑格爾的胡說攪亂了：他們不會反思，既粗俗又糊塗，完全淪爲一種從蛇妖的蛋裡爬出來的淺薄的唯物主義的犧牲品。多麼幸運！下面言歸正傳。

這樣，我的讀者就將只得原諒這篇論著中語氣上的差別了；因爲我在這裡不能像我在我的主要著作中所做的那樣，以後再在一個專門的附錄中加以增補。而且，讓人們知道哪些是我在二十六歲時寫的，哪些是我在六十歲時寫的，也是無關緊要的；眞正重要的事情是，那些想透過哲學研究的基本原則來獲得堅實的依據和明確的見識的人，將會從這本小薄書中獲得一點內容，以便能夠學到一些本質的、牢固的和眞實的東西：我希望這將是問題的所在。對某些部分提出的進一步闡述，現在甚至已經發展成爲一種關於整個認識能力的簡要的理論，並且這種理論透過把自身嚴格限制在關於充足理由律的探討上，從一個新的特殊的側面揭示了問題；而它後來又在《作爲意志和表象的世界》的第一卷中和第二卷的有關章節中，以及在我的〈康德哲學批判〉中得到了完成。

A．叔本華

一八四七年九月於美因河畔法蘭克福

充足理由律的四重根

——一篇哲學論文

它給我們的心靈灌輸四數，它們乃是永恆不息創造的源泉和根源。

——畢達哥拉斯誓詞

第一章　緒論

§1 方法

神妙非凡的柏拉圖（Plato）和令人驚異的康德（Kant）一致用深沉有力的口氣，推薦了一條作爲一切哲學研究以及一切科學方法的原則。*1* 他們說，我們應當同等地遵守兩個法則，即**歸同法則**（Homogeneität）和**分異法則**（Specifikation），而不能有所偏廢。**歸同法則**指引我們按照事物之間的相似之處與共同點，把它們歸結爲一些類，然後進一步把這些類歸結爲種，再由種歸結爲屬，等等，一直到最後得到一個包羅萬象的最高概念。由於這條法則是先驗的，即對於我們的理性來說是本質的，所以它預先就假定了自然同它自身的一致，這一假設在一條古老的規則中得到了表達：「如無必要，切勿增加實體的數目。」反之，關於**分異法則**，康德是這樣說的：「不要輕率地減少實體的多樣性。」這就要求我們，應當把包含在一個綜合概念中的不同的屬彼此加以區分；同樣，我們也不應當混淆包含在每一個屬中的較高級的種和較低級的種；我們還應當注意不要跳過任何下級的種，並且絕不要直接地在綜合概念下面把它

---

1 柏拉圖：《斐力布斯篇》，第二一九—二二三頁；《政治篇》，第六十二、六十三頁；《斐德羅篇》，第三六一—三六三頁。康德：《純粹理性批判》，先驗辯證論附錄。

們加以分類，更不必說個別的事物了：因爲每一個概念都是允許向下進行分類的，並且沒有任何概念可以退回到單純的直觀。康德教導說，這兩個法則是我們理性的「超驗的」基本原則，它們先驗地假定了與事物的一致性；當柏拉圖告訴我們說，這兩個使所有科學得以產生的法則是得賜於眾神寶座上的普羅米修斯之火，他看來也是在用自己的方式表達了同一個思想。

§2　這種方法在目前場合中的運用

儘管這種推薦很有分量，但我發現這兩個法則中的第二個，卻極少應用於我們一切知識的一個基本原則，即充足理由律這個原則。因爲，雖然這個原則經常並早已被一般地陳述了，但對於它的那些極不相同的運用卻沒有做出足夠的區分，而它在每一個這種極不相同的運用中都獲得了新的意義，從而它在各種思維能力中的起源也就變得清楚了。如果我們將康德的哲學和所有前人的體系做一個比較，我們就會發覺，正是在我們對我們思維能力的觀察上，許多根深蒂固的錯誤乃是出自對於歸同法則的運用，而與之相對立的分異法則卻被忽略了；但是分異法則卻導致了巨大的非常重要的成果。因此我希望能允許引用康德的一段話，這段話特別強調了作爲我們知識源泉的分異法則，這對於我現在的努力也是一種支持：「最重要的是把在種類和起源上與其他知識不同的各種知識**分離出來**，並且非常細心地避免使這些知識混同於那些在實踐的目的上一般是與它們聯在一起的其他知識。哲學家更有責任去做化學家在元素分析和數學家在純數學方面所做的事情，以便能夠清楚地闡明在知識的濫用中屬於知識的一個特殊種類的哪一部分，及其特有的價值和影響。」[2]

§3 這一研究的有用性

如果我能成功地指明，這個構成我們研究主題的原則並不是直接地產生於我們理智的**一個**原始觀念，而是產生於**一些不同**的觀念，那麼就可以推知，它作爲先天確定的原則而自身表現出來的必然性，在任何情況下都不是**一個**並且是**同樣的**；相反，它必定是與這一原則本身的來源一樣是多重的。因此，誰要是把自己的結論建立在這個原則之上，他就有責任清楚地闡明他的結論由以建立的那種特殊的必然基礎，並且把這個基礎用一個特殊的名字來表達（這

---

2 康德：《純粹理性批判》，先驗方法論，第三章。

正是我所要指出的）。我希望這樣做將使我們在進行哲學思考的時候，能夠更加清楚和準確；因爲我認爲，我們必須借助於對每一單個表述的精確定義來獲得最大限度的明確性，這是抵制謬誤和故意欺騙的手段，也是保證我們永久地、牢固地占有我們在哲學領域中每一個新獲得的觀念而不必害怕因爲任何誤解和可能在後來發現的歧義而使它得而復失。眞正的哲學家總是追求眞知灼見，並力圖使自己像一個瑞士的湖泊而不像那混濁而湍急的山洪，——瑞士的湖泊以她的平靜而將幽深與清澈結合起來，正是由於清澈而使幽深自身得到了展示。瓦文納格斯（Vauvenargues）說道："La clarté est la bonne foi des philosophes"（明晰性是哲學論證的信用證）。[3]相反，那些僞哲學家，他們的那些措辭，實際上並不像塔里蘭特（Talleyrand）說的那樣是爲了掩飾他們的思想，而是要掩蓋他們的空虛，並且往往要讀者爲他們的不可理解的體系負責，這種體系其實是產生於他們的混亂思想本身。這就說明了爲什麼在某些哲學家那裡——例如在謝林（Schelling）那裡——教訓的口氣是如此經常地變成了指責的口氣，並且讀者常常由於假定的缺乏理解能力而事先就受到挑剔。

---

3 瓦文納格斯：《反思與準則》，第七二九頁。

§4 充足理由律的重要意義

充足理由律的確具有極其重要的意義，因爲它可以眞正地被稱爲一切科學的基礎。所謂**科學**就是指一個觀念的**體系**，也就是一個與彼此無聯繫的觀念的單純堆積相對立的由互相聯繫著的觀念構成的總體。然而，把這個體系中的各個成員組織到一起的，如果不是充足理由律，又是什麼呢？把每一種科學同單純的觀念堆積區分開來，恰恰就是說這樣的觀念都是從它們的理由那裡由此及彼地推導出來的。所以，柏拉圖很早以前就注意到了：「即使是些眞實的觀念，如果不是有人透過因果的證明而把它們聯繫到一起，也不具有多大的價值。」[4] 而且，正如在我們的研究進程中將會看到的，幾乎每一種科學中都包含著一些可以由之而推演出結果的原因的觀念，同樣，也包含著其他一些來自於理由的作爲結論的必然性觀念。對此，亞里斯多德（Aristotle）曾這樣表述道：「一切理智的或在某種程度上具有理智的知識，都涉及了一些原因和原則。」[5] 這樣，正是由於一切事物都必定有其理由的先驗假設，它使我們有權利在任何

4 柏拉圖：《曼諾篇》，第三八五頁。

5 亞里斯多德：《形上學》，第一卷。

地方都可以去探求**為什麼**，我們才能夠有把握地把這個**為什麼**稱爲一切科學之母。

§5　關於充足理由律本身

我打算進一步表明，充足理由律是與某些先驗的觀念相通用的一種表達。同時，它也必須按照這樣或那樣的公式來被陳述。我選擇了沃爾夫（Wolf）的一個最富有內容的公式：「任何事物都有其爲什麼存在而不是不存在的理由。」[6]

6 《本體論》，§70。這是叔本華對沃爾夫公式的一個隨意的解釋。——英譯者

第二章　迄今有關充足理由律的最重要觀點概述

§6 充足理由律的第一個表述以及其中兩種含義之間的區別

對這樣一個一切知識的基本原則來說，一個多少是精確規定了的抽象表達，肯定在很早的時候就有了；因此，斷定它最先是出自何處，乃是一樁困難的事情，而且也沒有多大意思。不論是柏拉圖還是亞里斯多德都沒有正式地將它表述爲一個具有指導意義的基本原則，雖然他們經常地把它表述爲一個不證自明的眞理。所以，與我們這個時代的批判性研究相比，柏拉圖的說法具有一種天眞質樸的風格，這同他在談到善與惡的知識的情形時是相反的。他說：「事物的發生都是必然的，都將由於某種原因而發生；否則它們怎麼會發生呢？」[1] 又說：「一切發生的事物，必然來自某種原因；因爲沒有原因，任何事物都是不可能產生的。」[2] 普魯塔克（Plutarch）在他的著作《命運》的末尾（c.11），引證了斯多噶學派的一個主要命題：「看來這是一個尤其首要的原則：沒有無原因而產生的事物，每一事物都遵循其在先的原因。」

在《後分析篇》I，二中，亞里斯多德對充足理由律做了某種程度的陳述，他說：「一旦

1 柏拉圖：《斐力布斯篇》，第二四〇頁。

2 柏拉圖：《蒂邁歐篇》，第三〇二頁。

我們認為我們知道了使一件事物成其所以然的原因，這原因是該事物的眞正原因，並且該事物不可能是別的事物時，我們就認為我們完全理解了這個事物。」而且，在他的《形上學》中，他已經把原因，或者說原則（αρχαι），劃分成不同的種類，[3]他在那裡列出了八種；然而這種劃分既不深刻也不十分精確。但無論如何，他這樣說是完全正確的：「一切原則的共同之處就在於，它們是最初的東西，任何事物都是透過這種最初的東西而存在，或者發生，或者被認識的。」在接下來的一章裡，他對各種不同原因進行了區分，儘管這裡有些膚淺和混亂。在《後分析篇》的II，十一中，他以一種比較令人滿意的方式陳述了四種原因：「存在著四種原因：其一，事物本身的本質；其二，事物存在的必要條件；其三，最初使事物運動起來的東西；其四，事物所趨向的目的。」這就是經院哲學家普遍採用的把原因劃分為質料因、形式因、動力因以及目的因的起源，正如我們在《蘇亞雷斯形上學爭論錄》這部眞正的經院哲學綱要中所見到的那樣。[4]甚至霍布斯（Hobbes）也仍然引用並解釋了這種劃分。[5]這種劃分在亞里斯多德的另一個段落（《形上學》卷I、章三）中也可以見到，他在這裡講得多少是更清楚

3 《形上學》，第四卷，第一章。

4 《蘇亞雷斯形上學爭論錄》，爭論十二，第二、三節。

5 霍布斯：《論物體》，第二部分，第十章，§7。

一些並得到了充分的展開。在《夢與醒》一書第二章中，我們再一次看到了有關這個問題的簡要論述。但是，對於**理由**（Grund）和**原因**（Ursache）之間的至關重要的區別，亞里斯多德無疑是違背了他在《後分析篇》I，十三中的論點，在那裡，他用了相當長的篇幅說明，認識和證明一個事物的存在與認識和證明它爲什麼存在是完全不同的。他把**後者**稱爲關於原因的知識，而把前者稱爲關於**理由**的知識。然而，如果他十分清楚地看到了這兩者之間的區別，他就絕不會忽略這一點，而將會把這種區別貫徹到他所有其他的著作中去。但事實並非如此。因爲，甚至在他力圖將各種原因彼此分開時，正如我們上面提到的那些段落中那樣，這種本質的區別在這一章裡只是間接地被提出，而以後就似乎再也見不著了。此外，對於每一種原因，他都不加分析地使用了 αιτιον 這一術語，他實際上經常把認識的理由，有時甚至是結論的前提，稱之爲 αιτιας：例如，在他的《形上學》的IV，十八；《修辭學》的II，二十一；以及《植物學》的I第八一六頁中，而尤其是在《後分析篇》的I，二中，他把一個結論的前提簡明地稱作 αιτιαι του συμπερασματος（結論的原因）。這樣，用同樣的詞來表達兩個緊密相聯的概念，這就確實表明這兩者的區別並沒有被看到，或者至少也是沒有被緊緊抓住；這與偶然出現的那種同字異義的情況完全不同。而這一錯誤最明顯不過地表現爲在《詭辯論的反駁論證法》一書的第五章中，他把詭辯論規定爲：non causae ut causa, παρα το μη αιτιον ὡς αιτιον（根據似是而非的原因而進行推論）。在這裡，他把 αιτιον 僅僅單純地理解爲論證，理解爲前提，因而理解爲認識的理由，這種詭辯論就在於正確地證明了一些事物的不可能性；然而，這種證明與我們所爭論的命題是無任何關係的，它仍須予以駁斥。因此，在這裡根本不存在物理學上的原因問題。然而，αιτιον 這個詞的使用對於現代邏輯學家來說意義是如此重大，他們主張這是對並非在語言的基礎上產生的謬誤的唯一解釋，並將根據一個似是而非的原因而產生的謬誤解釋爲對事實並非如此的物理原因的說明。例如雷馬魯斯（Reimarus）就是這樣做的，還有舒爾策（G. E. Schulze）和弗里斯（Fries）——以及我所聞知的其他人。我發現，第一個對這種詭辯論做出正確定義的著作，是特魏斯頓（Twesten）的《邏輯學》。並且，在所有其他的科學著作和爭論中，對根據一個似是而非的原因而產生的謬誤的指責往往是在揭露錯誤的原因的介入。

塞克斯都・恩披里柯（Sextus Empiricus）指出了古典作家的方法的一個有說服力的例子，古典作家普遍傾向於用這種方法將認識的理由的邏輯規律同自然界中超驗的因果規律加以混淆，一再地錯把一個當成了另一個。在《反數學家》的第九卷，亦即《反物理學家》的第二〇四節中，他對因果律進行了證明，指出：一個人如果斷言並不存在原因（αιτια），那麼他的這一斷言本身就或者沒有原因（αιτια），或者有一個原因。如果是前者，這種斷言與其說是眞理，不如說是矛盾；如果是後者，他的斷言本身就證明了原因的存在。

由此可見，古典作家並未達到在作爲結論的基礎的理由與作爲眞實事件產生的原因之間做出明確的區分。至於後來的經院哲學家，因果律在他們的心目中是一個超越於研究領域的公理。蘇亞雷斯（Suárez）說：「我們並不研究原因是否存在，因爲沒有任何東西是確實自在自爲的。」[6]同時，這些古典作家還頑固地堅持以上所引證的亞里斯多德的原因分類法；但是，至少據我所知，我們這裡所說的那種必要的區分，他們同樣也沒有達到。

§7 笛卡兒

我們發現，甚至傑出的笛卡兒（Descartes）——他推進了主觀的反思並由此而成爲現代哲學之父——也一直爲這個問題難以澄清而困惑；我們馬上就會看到，這些混亂所導致的一些與形上學有關的嚴重的和可悲的後果。在《第一哲學沉思對第二個反駁的答覆》的「公理Ⅰ」中，他說：「沒有任何一個存在著的東西是人們不能追問根據什麼原因使它存在的。因爲即使是上帝，也可以追問他存在的原因，不是由於他需要什麼原因使他存在，而是因爲他本性的無限性就是原因或是他不需要任何**原因**而存在的**理由**。」他應當這樣說：上帝的廣大無邊性正是上帝不需要原因的認識理由；但是他卻將這兩者混在一起，並且顯然沒有清楚地認識到原因與

6 蘇亞雷斯：《蘇亞雷斯形上學爭論錄》，爭論十二，第一節。

認識理由之間的重大差別。然而確切些說，這是他的意圖損害了他的洞察力。因爲在這裡，因果律需要有一個**原因**，他便使用**認識理由**代替了它，由於後者與前者不同，不會導致某種超出它之外的東西。於是，根據這個公理，他提出了關於上帝存在的**本體論證明**；這實際上是他的發現，因爲安瑟倫（Anselm）不過是以泛泛的方式指出了這一點。在這些公理（我只是引證了其中的第一個）之後，立即出現了一個正式的、十分重要的本體論證明的命題，實際上這個命題是包含在那個公理之中的，就像小雞在被孵了很久的雞蛋之中一樣。這樣，當其他任何事物爲自身的存在而需要一個原因時，包含在神的觀念中的無限性（*immensitas*）——這是透過宇宙論的證明而提供給我們的——便提供了原因的所在，正像證明本身所表明的：「在一切圓滿本質的概念中就包含有它的存在。」[7]於是，這就成了一個變戲法的鬼把戲，因爲這是把連亞里斯多德都熟知的充足理由律的兩種不同意義加以混淆，直接用於「上帝的崇高榮譽」（*in majorem Dei gloriam*）。

但是，坦白地不帶任何偏見地說，這個著名的本體論證明確實是個迷人的把戲。有的人在這樣那樣的場合設想出包含有一切屬性的觀念，而目的是要把現實或存在的屬性包括在其中，不論是直截了當地講出來，或是爲了體面而將它們掩藏在其他一些屬性之中，諸如完滿、

7 《第一哲學沉思錄》，公理X。有所改動。

無限，如此等等。這樣，眾所周知，這些屬性就是一個既定觀念的本質，即是說，沒有這些屬性，這個觀念就不會被理解，——這些屬性本身的本質屬性，同樣可以出純粹的邏輯分析而得知，結果就有了**邏輯的**眞理：這就是它們在既定的觀念中具有認識的理由。於是實在或存在這種屬性也可以從這種武斷的思維觀念中抽取，並且與這一觀念相對應的客體立即被斷定爲是獨立於觀念而眞實地存在著。

> 該死的思想如果不是這麼可怕，
> 人們或許很願意地稱它為愚蠢。[8]

總而言之，對於這種本體論證明的最簡單的回答就是：「一切都取決於你由之推出你的觀念的來源：如果這來源是來自於經驗，那麼不必多言，它的對象的存在就是無須進一步證明的；如果相反，這個來源是產生於你自己的 *sinciput*（半個頭腦），那麼它的屬性便沒有什麼用處，因爲它不過是幻覺。」但是我們養成了一種與神學的要求背道而馳的偏見，它需要求助於這樣的證明來在哲學領域中找到立足之地，儘管它對這個領域十分陌生，卻偏要去染指。

---

8 席勒（Schiller）：《華倫斯坦三部曲．小短笛》，第二幕，第七場。

但是且慢！憑著亞里斯多德的英明預見！亞里斯多德甚至從來沒有聽說過本體論證明；然而，他好像是事先覺察到了經院哲學家借助於即將到來的黑暗所玩弄的把戲，並急於要把這條路堵住，所以他有意識地表明：[9]給一個事物下定義同證明它的存在，永遠是彼此分開的兩碼事；因爲其中的一個是告訴我們這個事物是什麼意思，而另一個則是指這樣一個事物是存在的。就像是一個來自未來的預言家，他說了一句這樣的話：「存在並不屬於一個事物的本質，因爲存在並不是一種特性。」這句話的意思也就是說：「存在絕不屬於一個事物的本質。」與此相反，在謝林的《哲學著作集》（一八〇九年）第一卷第一三二頁上的一個冗長的注釋中，我們可以看到，他對本體論的證明則是多麼的崇敬。我們甚至可以見到，其中一些東西依然是很有教益的，這就是由於厚顏無恥和虛張聲勢，吹牛皮說大話，德國人的眼睛是多麼容易被沙子迷住。但對於像黑格爾這樣徹頭徹尾的可憐蟲，他的整個僞哲學不過是對本體論證明的一個古怪的補充，如果贊同了他針對康德的辯駁，那就眞的造成了一種連本體論自己也會感到丟臉的聯盟，不論多麼短暫也會叫人臉紅。對這種使哲學蒙受恥辱的人，怎能希望我對他們說出欽佩之詞呢？

9 亞里斯多德：《後分析篇》，第七章。

§ 8 斯賓諾莎

雖然斯賓諾莎（Spinaza）的哲學主要在於他反對上帝與世界之間以及靈魂與肉體之間雙重的二元論，這種二元論是他的老師笛卡兒建立起來的，然而，在混淆和混用理由—結論關係和原因—結果關係上，他卻依然忠實於他的老師；就他的形上學來說，他甚至想從這種混淆中爲他的形上學獲得比笛卡兒的形上學更大的好處，因爲他把這種混淆作爲他整個泛神論的基礎。

如果一個觀念**潛在地**包含了它所有的本質屬性，那麼只透過分析判斷就可以**明顯地**從這個觀念中把這些屬性展示出來：它們的總和就是這個觀念的定義。所以，這個定義與其觀念本身只是形式上的差別，並無內容的不同；這是因爲它正是由包含在這個觀念中的那些判斷所組成，並且就這些判斷表現出它的本質來說，它們有在觀念中存在的理由。從它們的理由來考察，我們同樣也可以把這些判斷看成是那個觀念的結論。這樣，一個觀念與建立在它上面並透過分析從這個觀念而推出的判斷之間的關係，就恰恰是斯賓諾莎所謂的上帝與世界，或者一個唯一的實體與其無窮多的偶性之間的關係。「神，或包含無限屬性的實體——神，或一切神的屬性。」[10]因此，它關係到了**認識理由**與其推論的關係；然而眞正的有神論（斯賓諾莎的有神論只是名義上的有神論）則是這樣來定義**原因**與結果的關係，在其中，原因始終是與結果不同並且與結果相分離的，這種關係不僅就我們考察它們的方式來說是如此，而且就它們本身來說也是眞實地和本質地，因而永恆地是如此。平心而論，上帝這個詞，指的是這樣一個帶有人格特徵的世界的原因，因此，非人格的上帝乃是一個自相矛盾的詞。然而，甚至正如斯賓諾莎自己所說的那樣，他希求將上帝這個詞加以保留，用來表示實體，並且明確地把它稱爲世界的**原因**。他在這樣做的時候，除了完全將這兩種關係加以混淆，並且混淆認識的理由的原則和因果性的原則以外，找不到別的方法。我想引證下面一段話來證明這一論斷：「應當注意，凡任何存在的事物，必然有某種其所賴以存在的原因。並且應當注意，事物賴以存在的原因，不是包含在那個存在的事物的本性和定義內（因爲存在屬於那個事物的本性），就必定在那個事物之外被給予。」[11]在後一種場合他是指致動因，似乎是從後果而來；而在第一種場合，他指的則是一個純粹的認識的理由。然而他將這二者等同起來，並以此爲將上帝與世界等同起來開闢了道路，這正是他的本意。這就是他從笛卡兒那裡學來的慣用手法。他用從外面而來的致動因替

10 斯賓諾莎：《倫理學》，第一部分，命題十一。

11 同上書，第一部分，命題八，附釋二。

換了依賴於這個觀念的認識的理由。「從神的本質的必然性，必然推出一切能處在無限理智概念之下的東西。」[12]同時，他在任何地方都將上帝稱爲世界的原因。「一切存在的東西無不表現那種是一切事物原因的神的力量。」[13]「神是萬物的固有因，而不是萬物的超越因。」[14]「神不僅是萬物存在的致動因，而且是萬物本質的致動因。」[15]「從任何一個給定的觀念都必然有某種結果隨之而出。」[16]他還說：「一物如果沒有外因是不能被消滅的。」[17]證明：「作爲不同於存在的本質、本性，因爲物的界說是肯定該物的本質而不否定該物的本質，換句話說，它的定義是建立它的本質而不是取消它的本質，所以我們只要單獨地注意一物本身，而不涉及它的外因，我們就絕不能在其中發現有可以消滅其自身的東西。」這意思是說，既然任何觀念都不能包含與它自身的定義相矛盾的東西，也就是與它的全部屬性相矛盾的東西，所以一個事物絕不能包含某種能成爲使它毀滅的原因的東西。而這種觀點，在稍嫌過長的第十一命題的第二個

12 斯賓諾莎：《倫理學》，第一部分，命題十六。

13 同上書，第一部分，命題三十六，證明。

14 同上書，第一部分，命題十八。

15 同上書，第一部分，命題二十五。

16 同上書，第三部分，命題一，證明。

17 同上書，第一部分，命題四。

證明中，被推向了極端，在其中，他將能夠毀滅或消滅一個存在物的原因，與包含於一個定義中並導致這個定義毀滅的矛盾混同了起來。在這裡，他是如此強烈地企圖將原因和認識理由混同起來，以致他從不分開來說原因或認識理由，而是結合起來說「原因或理由」（*ratio seu causa*）。於是，爲了掩蓋他的詭計，這種情形在同一頁中的出現達八次之多。笛卡兒在上面提到的公理中，也曾採取了同樣的做法。

這樣，確切些說，斯賓諾莎的泛神論不過是笛卡兒本體論證明的實現。首先，他採用了上面我們引用的笛卡兒的本體論命題，「正是上帝本性的無限性，才是他不需要任何原因而存在的原因或理由」，並且，他經常說實體而不說神（在一開始時）；他推論說：「實體的本質必然包含它的存在，因此實體一定是自因。」[18]這樣，被笛卡兒用來證明上帝存在的同一個論證，被斯賓諾莎用來證明世界的絕對必然存在——它最終並不需要上帝。在命題八的附釋二中，他講得更加清楚：「正因爲存在屬於實體的本性，所以它的定義必然包含它的存在，因此只就實體的定義，就可推出它的存在。」但據我們所知，這個實體就是世界。命題二十四的證明也表示了同樣的意思：「即在自身的定義中」，「因爲一件事物如果就其本身來看其本身就包含存在，那麼它就是自因。」

18 斯賓諾莎：《倫理學》，第一部分，命題七。

在笛卡兒那裡是從純粹**觀念**和**主觀**的意義上，也就是僅僅從**我們**、從**認識**的**目的**的角度來進行論述的東西，——在這個例子中是爲了證明上帝的存在，——在斯賓諾莎那裡則是從**真實**的和**客觀**的意義上加以理解的，他把這看作是上帝對世界的現實關係。在笛卡兒那裡，上帝的存在包含在關於上帝的**觀念**之中，因而這成爲上帝眞實存在的理由；在斯賓諾莎那裡，上帝本身就包含在世界之中。這樣，在笛卡兒那裡只是認識的理由，到了斯賓諾莎那裡就成了關於實在的理由。如果說笛卡兒在他的本體論證明的結論裡，把上帝的存在說成是出自於上帝的本質，那麼在斯賓諾莎那裡則把它變成了自因本身，並且以此大膽地展開了他的《倫理學》：「所謂自因，我理解爲這樣的東西，它的本質（觀念）即包含存在。」而對亞里斯多德的告誡「存在不屬於一物的本質」充耳不聞。這樣我們就有了一個對於認識理由與原因的最明顯的混淆。如果說那些慣於把詞句錯當成思想的新斯賓諾莎主義者（謝林主義者、黑格爾主義者等等），經常沉湎於誇誇其談，而對這個所謂的「自因」肅然起敬，那麼在我看來，這個自因不過是要粗暴地割斷永恆的因果鏈條的一個自相矛盾的詞，一個前後的顚倒，一種對我們的無理要求，——簡言之，在某種意義上恰如當看到自己夠不著緊緊拴在鉤子上的大軍帽時就登上了椅子的奧地利人的所作所爲。「自因」說的眞正標誌乃是明希豪森男爵，他騎著馬落入水中時，就借助於「自因」的箴言，用腿夾住了他的馬，並抓住了自己的辮子就把自己連同馬一起提了出來。

最後，讓我們再來看看《倫理學》第I部分的命題十六。在這裡我們看到，斯賓諾莎從該命題推斷說：「從任何一物的定義裡理智都可以推出這個定義事實上必然推出的許多性質，無限多的事物的無限多的樣式是來自於神的本性的必然性」；因此毫無疑問，上帝與世界的關係與一個概念同它的定義的關係是同一的。然而，「神是萬物的致動因」這樣一個必然的結論是直接與此相聯繫的。在這裡，認識理由和原因之間的混淆達到了無以復加的地步，再沒有比這更嚴重的後果了。但是，這也表現出我們這篇論文的題目的重要意義。

在力圖把這個問題推向極端的第三個步驟中，謝林對這些謬誤又貢獻了一個小小的劇終餘興，——由於缺乏思想上的明晰性，前面兩個偉大的思想家也曾墜入這種謬誤之中。如果說笛卡兒碰到了不容改變的因果規律，這使他的上帝陷入了絕境，於是便採取將認識理由替換爲所需要的原因的手法，以便平安地渡過難關；如果說斯賓諾莎從這種理由製造出一個實際的原因即自因，因而他的上帝就成了世界本身，那麼，現在謝林則是使理由與結果在上帝自身之中就分裂了。[19]他透過把問題提高到理由與結果的一個眞正的、實在的本質，並且爲我們引入了一個「在上帝之中並不是它自己本身，而是它的理由，這種理由作爲一種原始的理由，或者更確切地說是超越於理由的理由」的深不可測的東西，從而使事情更富於連貫性。這眞是一種當之無愧的讚賞。大家知道，謝林是從雅各．波墨（Jakob Böhme）的《人間和天上的神祕事物

---

19 謝林：《關於人的自由的論文》。

大全》中汲取了這一整套神話；但是在我看來大家所不太知道的，是雅各．波墨自己又是從哪裡找來這些東西，以及這所謂的深不可測的東西的誕生地又在何處，所以我想冒昧地提一提此事。這就是瓦倫汀派（西元二世紀的一個異端教派）的「無底深淵，超越於理由的理由」，它從自身的共同本質的沉寂中產生出理智和世界，正如伊倫諾斯（Irenäus）所敘述的：[20]「因爲他們說，在那看不見的、不可名狀的太空，有一個先天的存在，完滿的永恆；他們把這叫作原始的混沌（Uranfang）、始祖（Urvater）或者原始根據（Urgrund）。他們說，它是處在極度的平靜與安寧之中，萬古長存，不可理解也不可感覺，不生不滅；而與它共存的就是思想，他們也把這稱爲**純潔**和**沉寂**。這個原始根據有一次曾想到要從它自己那裡顯現出萬物的開始，並且繁衍出後代，就像一個精子進入了子宮一樣，進入了那一片沉寂的世界，——它決意這樣來顯示自己。現在這種受了精並且懷了孕的沉寂，產生出了理智，這是一個相似並等同於它的造物主的存在，並且只有它理解了其生父的偉大。他們也把這個理智稱爲萬物之父或萬物之始。」

總之，這一定是透過異教史而傳到了雅各．波墨那裡，而謝林的的確確又從波墨那裡把它接收了過來。

---

20 伊倫諾斯：《駁異教》，第一卷，第一章。

§9　萊布尼茲

第一個正式把充足理由律作爲一切認識和科學的主要原則來論述的，是萊布尼茲（Leibnitz）。在他著作的許多地方，他都煞有介事地宣揚充足理由律，神氣十足，好像是他第一個發現這一原則似的；然而關於充足理由律他所發現的，充其量不過是說任何一個事物對於它的存在來說，都必須具有充足的理由，除此之外沒有別的，而且恐怕有人在他之前就發現了這一點。的確，充足理由律兩種主要含義之間的區別，他偶爾也曾暗示過，但卻沒有做過任何專門的強調，也不曾在任何地方做過清楚的說明。與此有關的主要段落是他的《哲學原理》的第三十二節，在該書名爲《單子論》的法文譯本中則更爲清楚一些：「事實上，根據充足理由律，我們了解到了一個事物爲什麼只能如此而不能是別的什麼，如果沒有充足理由律，那麼任何一種事物都可能存在，任何一種陳述都可能是眞實的。」[21]

21　參照萊布尼茲：《神正論》，第四十四節，以及他致克拉克的第五封信，第一二五節。

§10 沃爾夫

因而，沃爾夫才是第一個將充足理由律的兩種主要含義加以明確區分，並從細節上論述了其不同之處的作者。然而，沃爾夫並沒有把充足理由律像現在所習慣的那樣歸入「邏輯」，而是放到了「本體論」中。誠然，在他的著作的第七十一節中，他強調了不能將關於認識的充足理由與關於因果的充足理由混為一談的必要性；但他在這裡並沒有清楚地確定區別到底在什麼地方。其實，他自己也錯把一個當成了另一個；因為他恰恰是在有關「充足的理由」一章的第七十、七十四、七十五和七十七節中，引用了幾個因果的例子來確證充足理由律，而假如他確實是希望將這種區分堅持下去的話，他就更應當把這些例子放在該書有關「原因」的一章中加以引用，而在這一章中，他又一次引用了完全相同的例子，並再次對認識的理由做了說明（第八七六節），——剛才已經討論過，認識的理由雖然並不一定要放在這裡，然而卻有助於緊接在後面的關於充足理由律與因果規律之間的清晰而明確的區分（第八八一—八八四節）。他進一步說道（第八七四節）：「所謂充足理由律，也就是指它自身包含著另一事物的理由」，並且，他劃分出了三個種類：(1)發生的理由（原因），他把這規定為另一事物的現實性的理由，例如，當一塊石頭變熱時，那麼火或者太陽光線就是熱存在於這塊石頭之中的理由。(2)存在的理由，他把這規定為另一事物的可能性的理由，在上面的例子中，這種可能性的理由就在於石頭按照自身構成的本質或特徵是能夠吸收熱的。這後面一個概念在我看來是難以接受的。如果它還具有什麼意義的話，那就是可能性的含義同我們先驗地得知的經驗一般條件的含義是一致的，正如康德所充分表明的那樣。聯繫到沃爾夫關於石頭的例子，我們從這些先驗的一般條件得知，由於結果是繼原因而來，所以變化是可能的：這就是說，我們知道一種狀態可以繼另一種狀態而出現，如果在先狀態包含了後面狀態的條件的話。在這個例子中我們看到，作爲結果，是石頭變熱了的狀態；作爲原因，則是石頭有一定吸熱能力的在先狀態及其同熱源的接觸。這樣，沃爾夫把這一狀態第一次提到的性質稱爲存在的理由，把第二次提到的性質稱作發生的理由，就這裡所涉及的石頭的例子而言，乃是基於對較爲持久地存在並因而可以較長時間地等待其他條件出現的那些條件的錯覺這個事實之上的。這塊石頭本來應當是這樣的：它的化學構成應當使它能夠吸收一定程度的熱，因而也就具有與它本身所包含的熱量成反比的吸熱能力；另一方面，它還要同熱源發生接觸，這都屬於由一些在先的原因構成的整體環節的一個後果，這些原因都屬於「發生的理由」，然而這又是這兩種狀況的重合，這種重合在開始時構成了作爲原因的條件，也是作爲結果的石頭變熱的基礎。所有這些都並沒有給沃爾夫的「存在的理由」留下可乘之機，因此這是我所不能接受的，並且，我在這裡做了一些有關這個問題的詳細論述，這部分地是因爲我自己以後也想在完全不同的意義上使用這個字眼；部分地也是因爲這個解釋對於理解因果規律有好處。(3)正如我們所提到的，沃爾夫還區分出了認識的理由，並且還把致動因，或者決定意志的理由也歸入了原因。

§11 從沃爾夫到康德之間諸哲學家

鮑姆加登（Baumgarten）在他的《形上學》一書第二十－二十四節，以及第三〇六－三一三節中重複了沃爾夫的區分。

雷馬魯斯在他的《理性論》的第八十一節中區分出了：(1)內在的理由，對此他的解釋與沃爾夫的「存在的理由」是一致的，如果他沒有把僅僅適用於觀念的東西移植到事物之中的話，這甚至也適用於「認識的理由」；(2)外在的理由，即原因（第一二〇節及以下），他正確地將認識的理由定義爲命題的條件，但在第一二五節的一個例子中，他卻將它與原因混同了。

拉姆伯特（Lambert）在《新工具論》中，沒有提及沃爾夫的區分；然而他表明他是覺察到了認識的理由與原因之間的區別的；[22]因爲他說上帝是眞理的「存在的理由」，而眞理則是上帝的「認識的理由」。

普拉特那（Platner）在他的《格言》的第八六八節中說：「被稱爲我們認識之中的理由和結論的東西，實際上也就是原因和結果。每一個原因都是一個理由，每一個結果都是結論。」

---

22 拉姆伯特：《新工具論》，第一卷，第五七二頁。

因此，他持的是這樣一種觀點，即認爲原因與結果，實際上與我們思維中的關於理由和結論的概念是一致的；前者與後者的關係，就像例如實體與偶性的關係、主詞與述詞的關係，或者我們感覺到的一個客體的性質與該客體本身的性質的關係，等等，是一樣的。我想對這種觀點進行駁斥是沒有什麼用處的，因爲顯而易見，一個判斷中的前提與結論，與原因和結果的知識是彼此完全不同的；雖然在個別的場合，原因的知識本身甚至可以是一個陳述結果的判斷的理由。[23]

§12 休謨

在這位嚴謹的思想家之前，還不曾有人對作爲結果而產生的事物表示過懷疑。天地間最先出現的東西，是以因果規律爲形式的充足理由律。因爲它是「永恆的眞理」，也就是說，它本身是自在自爲的，高於上帝和命運；而此外的一切事物，例如，思考著充足理由律的知性，同

23 參照本書 §36。

樣還有整個世界，以及那些能作爲世界的原因的東西——如原子、運動、造物主，等等——都不過是與充足理由律相符合並依賴於充足理由律的東西。休謨（Hume）是第一個開始尋求因果規律是從什麼時候起才具有了權威的人，並且第一個要求它的可靠性。每個人都知道休謨所達到的結論：因果性不過是我們透過習慣而熟知的發生於時間中的一連串事件和狀態的經驗感覺。這一結論的錯誤我們立即就能發現，要駁斥它也並不困難。功績是在於這個問題本身，因爲它成了康德的深入研究的動力和起點，並透過這種研究導致了以往的唯心主義（主要是貝克萊〔Berkeley〕的唯心主義）所不能比擬的一種更爲深刻更爲澈底的唯心丰義觀點。它導致了一種超驗的唯心主義，從這裡產生了一種確信：從整體來說，世界依賴於我們，正如我們在細節上依賴於世界一樣。由於指出了這些先驗原則的存在，這些原則使我們能夠先驗地也就是先於一切經驗地確定有關客體及其可能性的某些方面，他證明了這些事物不能像它們所呈現給我們的那樣是獨立於我們的認識而存在的。這樣一個世界與一個夢境的相似是顯而易見的。

§ 13 康德及其學派

康德論及充足理由律的主要段落，見於他的一本不大的著作《論一個可使我們免去一切純粹理性批判的發現》，在該書的第一部分（A）中，他在與艾伯哈爾德（Eberhard）爭論時，特別強調了「認識邏輯的（形式的）原則即『每一個命題都必須有其理由』，與先驗的（物質的）原則，即『每一事件都必定有其原因』」之間的區別。而艾伯哈爾德則把這兩者看成完全是一回事。——我自己打算在做出唯一眞實的證明之後，再在一個單獨的段落中對康德的先驗的證明以及由此而來的因果規律的先驗特性進行批判。

在這些前人的指引下，有一些在邏輯學方面屬於康德學派的作者：霍夫鮑爾（Hofbauer）、瑪斯（Maass）、雅各布（Jakob）、凱斯維特（Kiesewetter），還有其他一些人，都十分精確地規定了理由與原因之間的區別。尤其是凱斯維特曾令人滿意地指出了這一點，[24]他說：「邏輯的理由（認識的理由）與事實的理由（原因）是不能混淆的。充足理由律

---

24 凱斯維持：《邏輯學》，第一卷，第十六頁。

屬於邏輯學，因果規律則屬於形上學。[25]前者是思維的基本原則，後者則是經驗的基本原則。原因涉及眞實的事物，邏輯的理由則只是用於觀念。」

康德的反對者們則是更加強烈地主張這種區分。舒爾策責備把充足理由律與因果規律混爲一談。[26]沙爾蒙．麥蒙（Salomon Maimon）在指責康德[27]從假言三段論的邏輯形式那裡獲得了因果關係原則的同時，對人們關於充足理由有如此之多的話要說，然而卻沒有一個對它本身含義的解釋而感到遺憾。[28]

雅各比（F. H. Jacobi）說，[29]由於將理由與原因這兩個概念混淆起來，就產生了一種幻覺，這種幻覺使各種錯誤的思辨紛紛出籠；他還以自己特有的風格指出了理由與原因之間的區別。然而在這裡，就像在往常一樣，我們發現他在許多地方偏重於文字遊戲而缺少哲學的嚴謹。

謝林最終是怎樣區分理由與原因的，可見於他的《自然哲學導論箴言》，第一八四節，這部著作發表於瑪爾庫斯（Marcus）與謝林合著的《醫學年鑑》的第一卷第一部。在這裡我們

25 凱斯維持：《邏輯學》，第一卷，第六十頁。

26 舒爾策：《邏輯學》，第十九節注釋，以及第六十三節。

27 麥蒙：《邏輯學》，前言，第 XXIV 頁。

28 同上書，第二十、二十一頁。

29 雅各比：《關於斯賓諾莎學說的信》，附錄七，第四一四頁。

被告知，在一切事物中，**理由**是穩重的，而**原因**則是輕浮的。我只是感到新奇才引用了它，因爲這種胡言亂語無論如何也不能在嚴謹而誠實的學者的觀點中占有一席之地。

§ 14 關於充足理由律的證明

我們仍然有必要回顧一下對充足理由律進行證明的各種不成功的嘗試，其中大多數對它所採取的含義缺乏明確的規定，例如，沃爾夫在他的《本體論》第七十節中的證明就是如此，鮑姆加登在他的《形上學》第二十節中又重複了這個證明。在這裡，對這個證明再加以重複和批駁是無益的，因爲它顯然是以一個文字上的遁詞爲基礎的。普拉特那[30]和雅各布[31]試圖提出另外的證明，然而很容易發覺這是循環論證。如前所述，我想進一步討論一下康德的那些論證，因爲在這篇論文的進程中，我打算指出我們認識功能的不同規律，而充足理由律則是它們的共

30 普拉特那：《格言》，第八二八節。

31 雅各布：《邏輯學與形上學》，一七九四年，第三十八頁。

同表現，所以充足理由律的不能被證明，就是理所當然的結果。相反，亞里斯多德的名言也許對所有這些證明來說都同樣是很中肯的：「他們尋求沒有理由的理由，尋求不是證明的證明原則。」[32]由於每一個證明都是某種已被認識了的事物的依據，並且如果我們對這件事物繼續要求證明，不論怎樣，我們最終就會得到這樣一些命題，這些命題表達了一切思維和認識的形式和規律，因而也就是表達了它們的條件，從而，一切思維和認識也就在於這些命題和條件的運用。這樣，確定性不過就是與這些條件、形式和規律的一致，因此它們自身的確定性是不能再由其他的命題來證明的。在第五章，我將要討論這種命題的眞理性。

此外，尋求對於充足理由律的證明，是一種特別聲名狼藉的荒唐行爲，這體現出對反思的缺乏。每一個證明都是對一個表述出來的判斷和理由的論證，並且它獲得**真實**的屬性恰恰是依靠了這種論證。這種關於理由的必要性恰恰就是充足理由律所表明的東西。這樣，如果我們要求對於充足理由律的證明，或者換言之，要求對它進行論證，我們就已經假定它是眞的了，並且我們的要求恰恰又是建立在這種假定之上，這樣，我們就會發現自己陷入了對我們要求一個證明的合法性本身又要求證明的循環。

32 亞里斯多德：《形上學》，第三卷，第六章。參照《後分析篇》，I，三。

第三章　以往論證的缺陷和新論證的概述

§15 以往確定的充足理由律的意義中所不包含的一些情況

從上一章我們所做的概述中，可以見到人們對充足理由律已經區分了兩種不同的運用，雖然這種認識十分緩慢、拖沓並且常常陷於謬誤和混亂：一是將其運用於判斷，判斷要成爲正確的，它就必須有一個理由；另一個則是將其運用於實在對象的改變，這種改變總要有一個原因。在這兩種情況裡我們發現，充足理由律都能使我們有理由去詢問一個**為什麼**，這是它的一個本質的性質。但是，使我們有權去詢問一個**為什麼**的全部事情，是否都包括在這兩種關係中了呢？如果我問：爲什麼這個三角形的三個邊相等？答曰：因爲三個角相等。那麼，各個角的相等是否就是各條邊相等的原因呢？不是的；因爲我們這裡所涉及的並不是變化，因而也就不涉及必須有一個原因的結果。——它僅僅是一個邏輯上的理由嗎？不是的；因爲角的相等不只是邊的相等的證明，它不只是一個判斷的根據：僅僅觀念自身永遠不能解釋爲什麼因爲各個角相等，各條邊就必須相等；這是由於各個邊相等的觀念並不包含在各個角相等的觀念之中。因而在這裡，我們並無觀念與判斷之間的聯繫，而只有邊與角的聯繫。各個角的相等並不是直接的理由，而是間接的理由，透過這個理由我們得知了各個邊的相等；因爲它是一件事物爲什麼是這樣的理由（在這個例子中是各條邊相等）：各個角相等，因而各條邊必定相等。這樣我們便得到了各個角與各條邊之間的必然的聯繫，而不是兩個判斷之間的直接的、必然的聯繫。——再如，如果我問，爲什麼要發生的事件沒有發生，而這絕不會是問已發生事件之不能發生，因而按照普拉圖斯（Plautus, *Aulularia*, IV, 10, 15）爲什麼過去絕對不可復原，將來一定不可避免，這甚至是不可能有借助於純粹抽象觀念的純邏輯來證明的，而且也不屬於因果關係，因果關係只是支配在時間中發生的各個事件，而不是時間本身。現在的時刻將剛才的時刻拋入了過去的無底深淵，並不是透過因果關係，而僅僅是直接透過它的存在，這個存在無疑是不可避免的。透過純粹的觀念而使它能夠被理解或者更加清晰，是不可能的；相反，我們十分直接而本能地承認它，正如我們知道左與右的差別和一切依賴於它的東西一樣：例如我們左手的手套必將對不上右手，等等。

現在，既然充足理由律所適用的所有那些情況不能被歸結爲邏輯的理由和結論以及原因和結果，所以，在這種分類中，是不能對分異法則予以充分注意的。然而歸同法則則要求我們假定，這些情況是不能無限地區分下去，而是可以被歸結爲一定的種類的。這樣，在試圖做這一分類之前，有必要確定什麼是充足理由律在一切情況下所特有的東西，以作爲它所特有的特徵；因爲屬的概念總是必須在種的概念之前就確定下來的。

§ 16 充足理由律的根源

我們進行認識活動的意識，把自身體現為內在的和外在的感性（或說接收力）以及知性和理性，又進一步把自己劃分為主體的和對象的，此外還包含著無。成為主體的對象和成為我們的表象是同一回事情。所有我們的表象都是主體的對象，而所有主體的對象都是我們的表象。我們的外部表象都在一種有規則的聯繫中互相依賴，這種有規則的聯繫可以被確定為先驗的，並且正因為是這樣，任何彼此獨立的存在物，任何單個的或孤立的東西，都不能成為我們的對象。充足理由律從自身的「普遍」意義上所表明的，就是這種聯繫。這樣，雖然從前面的論述中可以推出，這種聯繫依照對象的不同種類採取了不同的形式，這些形式透過充足理由律以不同的方式而被表達出來；然而這一聯繫保持著對所有這些形式來說是共同的東西，並且這一點以一般的和抽象的方式爲我們的充足理由律所表達。充足理由律建立於其上的，並且將在這一章中更爲周密地說明的各種關係，也就是我所說的充足理由律的根據。這樣，按照歸同法則和分異法則，這些關係將在更爲周密的考察中被分成**四個**性質不同的種，彼此間有巨大的差別。它們的數量，然而又可以被歸結爲**四個**。一切能夠成爲我們對象的東西，也就是說我們的一切表象，都可以依照這**四個**層次而被劃分。在以後的四個章節中，將對這些層次加以敘述和考慮。

我們將看到充足理由律在每一個層次中都按照一種不同的形式而出現；但它也將作爲同樣

原則的全體和來自於剛才所說的根據的東西而使自身得到體現，這恰恰是因爲它包括了以上所表明的內容。

第四章　論主體對象的第一個層次，以及在其中居支配地位的充足理由律形式

§17 對象的第一層次概述

作爲我們表象功能的可能對象的第一個層次，就是**直觀的**、**完整的**、**經驗的**表象層次。它們作爲直觀而與純粹思維，即抽象的觀念相對立；按照康德的說法，由於它們是完整的，它們不僅包含了現象的形式成分，而且也包含了現象的物質成分；它們是經驗的，這部分是由於剛才提到的它們並不是單純地來源於思想間的聯繫，而且作爲它們的起源，還來自於我們感官的感覺刺激，它們總是從這裡被尋求關於其實在性的證據；部分地也是由於它們是按照時間、空間和因果關係的統一規律，在那種並不構成我們**經驗實在**的開端與結束的複合體中聯繫在一起的。然而，由於按照康德學說的結論，這種經驗實在並不取消它們**超驗的理想性**，因此在這裡，當我們只是在討論認識的形式要素的時候，我們將它們僅僅看作表象。

§18 關於經驗實在的超驗分析綱要

這些表象的形式就是內在的和外在的感覺形式，或者說，時間和空間。但是這些形式只有被充實才是**可感知**的。這些形式的可感知性就是物質，對此我們以後將再回過頭來進一步談到，並且還將在第二十一節中論及。

假如時間是這些表象的唯一形式，那麼就不會有共存，因而也就沒有任何永恆的東西，也不存在延續。因爲時間只有被充實才能被感知，而且它的進程只有透過充實於其中的東西所發生的**變化**才能被感知。因此，一個對象的**永恆**只有同另一個與之共存的對象所發生的**變化**相對照，才能被認識。但是，僅僅在時間中**共存**的表象是不可能的；爲了它的完整，還有賴於空間的表象；因爲在純粹的時間中，一切事物是**前後相隨**，而在純粹的空間中，一切事物都是**互相並列**；因此，只有將時間和空間結合在一起，共存的表象才能產生。

另一方面，假如空間是這一表象層次的**唯一形式**，那麼就會不存在有變化；因爲變化或者變動是狀態的連續，而連續只有在時間中才是可能的。因此我們可以將時間定義爲一個同一事物中對立狀態的可能性。

這樣我們看到，雖然對於時間和空間都可以進行無限的分割和延伸，但是這兩種經驗的表象形式都有著根本的區別，這是由於對其中一個來說是本質的東西，對於另一個來說不具有任何意義；在時間中無所謂並列，在空間中無所謂連續。然而經驗的從屬於實在有序複合體的表象，還是在這兩種形式中同時出現；而且，這兩種形式的**內在統一**就是實在的條件，從某種意義上說是產生於這兩種形式，正如一個產品來自於它的要素一樣。這樣，正是以其自身的特殊功能造成了這個**統一**並按照這樣一種方式把這些不同的形式聯繫起來的知性，**使經驗的實**

在——儘管只是就知性而言的——從這些形式的相互滲透中產生了，而且是作爲一種集合的表象而產生，形成一個複合體，根據充足理由律的形式而結合在一起，只是它們的界限還是個問題。屬於這一層次的每一單個表象都是這一複合體的一部分，每一個都按照我們先驗得知的法則來取得自己在其中的位置；因此，在這裡面**共存著**無數的對象，因爲實體，也就是物質，任憑時間無休止地流逝而永世長存，也因爲它的狀態不拘空間的刻板僵硬而變化無常。總之，在這個複合體中，整個的對象，眞實的世界對我們來說是存在的。對這一點有興趣的讀者，或許會發現，目前這個關於經驗的實在的分析的粗略輪廓，將在《作爲意志和表象的世界》[1]的第一卷第四節中進一步完善起來，在那裡，將對知性導致這種統一並因而爲自己本身創造了經驗世界的方式，做出周密的解釋。讀者還將在同一文獻中找到一個重要的幫助，即「時間、空間和物質的Prädikabilia à priori（先天知性概念）」，這補充在該書第二卷第四章上，而且我希望讀者對此引起注意，因爲它尤其表明了在因果關係的形式下面，時間與空間的對立是怎樣作爲結果而在物質中均等地得到平衡的。

現在，我們將對作爲經驗的實在基礎的知性功能做詳細的說明；不過我們首先必須提出幾個附帶的說明而偏離開我所採納的基本的唯心主義觀點將要遇到的那些更爲直接的對象。

1《作為意志和表象的世界》，德文第一版，第一卷，第十二頁以下；第三版，第九頁。

§19 表象的直接呈現

現在，儘管有這樣一個透過體現了物質的內部與外部感覺形式的知性而形成的統一，並且有一個永恆的外部世界與之相伴隨，然而由於主體全部**直接**的知識是單獨地透過內部的感覺而獲得的——外部感覺也將成爲內部感覺的對象，內部感覺由此而感知到各種外部知覺——因而從主體意識中表象的直接呈現來看，主體依然僅僅是受作爲內部感覺形式的時間規則支配的：[2]所以，在同一時刻，只能有一個表象被呈現給它（主體），雖然這個表象可以是十分複雜的。當我們說到**直接的當前**的表象時，我們的意思是，它們並不是透過由知性導致的時空統一而被認識的，——正如我們馬上就會看到的，這是一種直覺功能，由此產生了經驗實在的複合表象，——而是作爲內部感覺的表象，它們是單獨地在純粹的時間中，並且恰恰是在時間的兩個方向分離的中點，即所謂**現在**的點上被認識的。前面一段中所提到的關於這一層次表象直接存在的必要條件，就是主體以我們的感覺因而也是以我們感官爲基礎的因果活動，它本身從屬於對象的這一層次，因而服從於在其中起著決定作用的我們現在所要考慮的因果規律。這

2 參見康德：《純粹理性批判》，導言，第二節，德文第一版，第三十三、三十四頁；第五版，第四十九頁。

樣，一方面由於按照內部世界和外部世界的規律，主體是不能停止於這一單個表象上的；但另一方面，這也是由於單在時間中不能有共存的東西：按照一個我們馬上就要提到的我們不能先驗地予以確定，而只能根據環境來確定的規律，單個的表象總是必定消失並且被另外的表象所取代。而且，一個眾所周知的事實是，幻想和夢境複製了這種表象的直接呈現；然而對這一事實的研究，則屬於經驗心理學的領域。這樣，儘管從我們意識中表象的直接呈現來看，我們的表象具有暫時的和孤立的性質，然而如前所述，主體透過知性的功能還是保留著關於實在的一個包羅萬象的複合體的表象，而從相反的方面看，當表象被看作是屬於這個複合體而不涉及它在我們意識中的直接呈現時，就被理解成爲一種截然不同的東西。根據前一種觀點，表象被稱爲**真實的事物**；而根據後一種觀點，表象就不過是 κατ' εξοχην（純粹的）表象。這就是我們按照**實在論**的名字而了解的關於物質的通常觀點。從現代哲學的外表上看，**唯心主義**曾反對過這種**實在論**並從而穩固地贏得了地盤。馬勒伯朗士（Malebrache）和貝克萊就是這種唯心主義的最早代表，而康德又爲它增添了超驗的唯心主義威力，由此，事物的經驗實在性及其超驗理想性的共存就成爲可想像的了，康德本人由此而說道：「**超驗的唯心主義**主張一切現象都僅僅是表象，而不是物自身。」[3] 又說：「空間本身不過是純粹的表象而已，因而任何存在於空間中

3 康德：《純粹理性批判》，德文第一版，第三六九頁。

的東西都必定包含在這個表象之中。在空間裡除了被眞實地表象的東西外，沒有任何東西存在。」[4] 他最後說：「如果我們把思維著的主體拿開，整個物質世界就必定消失；因爲物質世界不過是我們主體自身的感覺能力中的現象和我們主體的一種表象。」[5] 在印度，唯心主義甚至是一種流行宗教的教義，不僅是婆羅門教的教義，而且也是佛教的教義；唯獨在歐洲，由於猶太教本質上的並且是不可避免的實在論原則，它才成了看上去荒謬的東西。但是，實在論完全忽略了這樣的事實，即所謂這些眞實事物的存在，除了是被表象的東西以外，或者說，甚至是從可能性上說能夠被表象的東西以外——如果有人堅決認爲只有主體意識中的直接呈現才能稱爲在現實性上被表象的東西的話，——就絕對地什麼也不是。實在論忘記了對象如果離開了與主體的關聯就不成其爲對象，並且如果我們撇開了這種聯繫，或者想把它撇開，我們也就立即消除了一切對象的存在。萊布尼茲雖然清楚地感到了主體是對象的必要條件，然而卻沒有能夠擺脫對象是憑藉自身而存在並且是不依賴於任何一種同主體的關係而存在，即不依賴於它的被表象而存在的思想。因此，他首先假定了一個與表象世界完全相同並與之平行運動的對象世界，這個對象世界不是直接地，而是透過一種先定的和諧而外在地與表象世界聯繫起來；——這顯然是完全多餘的可能性，因爲這個外部世界從未進入過知覺，而恰恰與之相似的並的確進

4 康德：《純粹理性批判》，德文第一版，第三七四—三七五頁，注釋。

5 同上書，第三八三頁。

入了知覺的表象世界卻並不理會這個外部世界而獨自活動著。然而，當他想要更爲周密地確定這些客觀存在的事物本身的本質時，他發現自己不得不斷言對象本身將成爲**主體**（即單子），他由此而完成了一個最爲引人注目的證明，這就是從純粹認識的角度看，我們的意識要在理智的限度內——也就是在我們藉以表象世界的工具的限度內——去尋找任何超越於主體和對象、表象者和被表象者的東西是無能爲力的。因此，如果我們對一個對象的客觀性加以抽象，或者換個說法，對它被表象出來的東西加以抽象，如果我們把它作爲對象的性質去掉，然而卻希望保留些什麼，我們所遇見的就只能是**主體**。相反，如果我們對主體的主觀性進行抽象而又想得到留下來的東西，那麼相反的事情就會發生，並且這就將走向唯物主義。

斯賓諾莎從未對物質做過澈底的考察，因而從未得到過關於物質的明確觀念，然而卻十分懂得主體與對象之間必然的相互聯繫是如此重要，以致沒有這種聯繫主體與對象就是不能想像的；因此，他把物質規定爲在（唯一的存在的）實體中，爲實體所認識，並使實體具有廣延的東西的同一。

注意——關於本章節的主要論點，為簡明扼要和便於理解起見，我想藉此機會提示一下。如果在本文的論述中，我在任何場合下使用了「真實的對象」這一術語，那麼它所表示的只不過是共同形成了經驗實在複合體的各種直觀的表象，其本身的實在性依然始終是觀念上的。

§20　關於生成的充足理由律

在剛才論述的主體對象的層次中，充足理由律是以因果規律的形式而出現的，我因此而把它稱作關於**生成的充足理由律**。就我們所涉及的是對象狀態的出現和消失而言，所有在我們表象的整個範圍內呈現自身的對象都透過這個充足理由律而被連結起來，也就是說，在時間的流動中形成了經驗實在的複合體。因果規律有如下述。當一個或者幾個眞實的對象轉變爲任何一種新的狀態時，另一個狀態必定在它之前就存在了，新的狀態根據這個在先狀態而有規則地相繼出現，就是說，每當前面的狀態出現後它就相繼出現。我們把這種前後相繼稱爲**因果運動**；前一個狀態被叫作**原因**，第二個則被叫作**結果**。例如，當一個物體燃燒時，這種燃燒狀態必定是由在前的狀態所引起，(1)與氧的親和性狀態；(2)與氧的接觸狀態；(3)一定溫度的狀態。這樣，由於燃燒必定必然地直接跟隨著這個狀態，並且由於燃燒恰好發生了，這個狀態就不能總是保持原狀，而是相反，它必定要恰好有伴隨狀態發生。這種伴隨發生被稱爲變化。正因爲如此，因果規律才與變化有著專門的聯繫並且僅僅是涉及變化的。每一個結果在它產生時都是一個**變化**，並且在還沒有發生的時候，就正確無誤地表明了已經成爲其先導的另一個變化。這另一個**變化**在同下一個變化相聯繫時，就取名爲**原因**，而與另一個必然的在先變化相聯繫時，就取名爲**結果**。這就是因果關係的鏈條。這個鏈條必然是沒有起點的。這樣，每一個伴隨發生的狀態就必定是前一個變化所導致的：例如在我們所提到的事例中，燃燒就是從物體與熱源的接觸而來，由此必然會導致溫度的升高；而這個接觸又有賴於前面的變化，例如太陽光落在凸透鏡上；而這又有賴於太陽前面的雲的離開；這又有賴於風；風又有賴於大氣的稀薄不均；而這又有賴於其他條件；如此等等以至無窮。當一種狀態爲造成一個新的狀態的其他一切必要條件都已具備，而只缺**一個**條件時，這**一個條件**的最終來臨，在某種意義上說，就可以稱作基本的原因，因爲在這裡我們得到了我們尤其期望的最後的——在這種情況下是決定性的——變化；但是如果我們排除這種考慮，那麼任何作爲原因狀態的單一的條件，都不會僅僅由於它是最後出現而在確定因果聯繫的時候對其他條件具有一般的優先地位。這樣，在上面例子中雲的移動，依然是燃燒的原因，因爲它發生在凸透鏡對準目標之後；但是凸透鏡對準目標也可以發生在雲的移動之後，而且氧氣的附加也可以產生於後：因此從這個角度看，是事物的偶然順序確定了誰是原因。但是，透過更爲周密的考察我們發現，導致隨後發生的狀態的原因是一種**整體狀態**，這樣，每一單個條件在其中產生的時間順序，從一切本質的方面看是無關緊要的。因此，在一定的情況下，一個狀態的最後發生的條件可以被稱爲根本的原因，因爲它使必要條件的尺度得以滿足，這樣它的出現也就成爲決定性的變化；然而，從全面考慮的意義上說，只有導致它的後繼狀態出現的**整體狀態**，才可被認爲是原因。那些加在一起完成和構成原因的單個的必需物，可以稱作原因的要素，或者甚至可以稱作原因的**條件**，所以原因是可以再進一步分解爲這些要素或條件的。另一方面，不是把狀態而是把物體本身稱爲原因也是十分錯誤的：例如，有些人任意而毫無條理地把上一個例子中的凸透鏡稱作燃燒的原因；而又有些人把雲稱作原因；另一些人稱太陽或氧氣爲原因，等等。但是，把一個物體稱作是另一物體的原因是荒謬的。首先，因爲物體不僅包括形式和質料，而且也包括無始無終的物質；其次，因爲因果規律是專門涉及**變化**的，就是說是涉及狀態在**時間**中的出現與消失的，它在其中控制著這樣一種特殊的關係，與這種關係相關的前一個狀態被稱作**原因**，後一個狀態則被稱作**結果**，而這兩者之間的必然聯繫，被稱作一個狀態從另一個狀態的**發生**。

在這裡，我向富有思想的讀者推薦一下我的主要著作[6]中的一個說明。因爲最重要的是要把我們關於因果規律的眞實性和特殊含義，及其有效範圍的觀念加以澈底澄清和確定。首先我們應當認識到，因果規律是唯一並且專門涉及物質狀態的**變化**的，此外不涉及任何其他東西；因此，如果不是在討論這些**變化**，就不應當引進因果規律。因果規律只是時間中我們外部**經驗**對象所經歷的變化的控制者；然而，這些對象全部是物質的。每一個變化只能按照一定規則被另一個先於它而發生的變化所造成，然後一個新的變化又作爲前一變化的必然產物而發生。這種必然性就是因果聯繫。

因此，不管因果規律是多麼簡單，然而我們卻發現從最早一直到最近的時代全部的哲學教

6《作為意志和表象的世界》，德文第二版，第二卷，第四章，尤其是四十二頁以下；第三版，第四十六頁以下。

科書中，它卻以完全不同的方式表達出來，也就是說以一種較爲空泛的、較爲抽象的，因而是不怎麼明確的方式表達出來。例如，我們有時被告知，因果規律就是使其他事物由以產生的規律；有時又被告知是引出另一事物或給予它實在性的規律，如此等等。沃爾夫說：「原因就是另一事物的存在或現實性所依賴的原則」（《本體論》，第八八一節）；然而顯然，在因果關係中，我們只是涉及了不生不滅的物質的形式變化，並且顯然，向以前並不存在的存在跳躍是不可能的。毫無疑問，對於思維的明晰性的缺乏在大多數場合都會導致關於因果關係的這些觀點；但有時在這後面的確也潛藏著一種隱蔽的意圖——一種賣弄宇宙論證明的神學企圖，爲了這個緣故，這種意圖甚至不惜篡改那作爲人類知性的母乳的超驗的、先驗的眞理。在湯瑪斯．布朗（Thomas Brown）的著作《論原因與結果的關係》中可以發現關於這一點的最明顯的事例，這本書洋洋四百六十頁，到一八三五年已經出到第四版，並且大概從那以後又出了幾版，這本書儘管有些乏味、賣弄、不連貫的囉嗦話，但對主題的處理並不很糟。這位英國人正確地認識到，因果規律總是必然要涉及各種**變化**的，而且每一個結果都相應地是一個**變化**。這一點雖然很難不被他察覺，然而他卻不願意承認每一個原因也同樣地是一個**變化**，因而整個過程也不外是在時間中彼此前後相繼的**變化**的不間斷的聯繫。相反，他笨拙地堅持把原因稱爲先於變化的**客體**或**實體**，並且由於這一完全錯誤的表達使他在自己冗長的著作中處處自找苦吃，儘管他知識豐富並且有良心做依據，但是這種錯誤的表達，卻弄糟了他全部的僅僅爲了使他的定義絕不妨礙其他人以後或許會在其他地方加以論述的宇宙論證明而做的解釋，——但是，什麼樣的眞理値得需要用這樣的手段去爲自己開闢道路呢？

並且，自從康德在他的《純粹理性批判》中已經給宇宙論證明以致命打擊後，我們自己的這些可敬而誠實的德國哲學教授，爲他們所熱愛備至的宇宙論證明還在幹些什麼呢？他們是珍視高於一切的眞理的人。確實，他們是到了才窮智竭的地步，——這些大人物是很清楚這一點的，雖然他們沒有這樣說——因爲第一原因就像自因一樣，是一個自相矛盾的用語，儘管前一個表達較之後一個運用得更加普遍。而且他們在說這番話時，經常還擺出雖說不上莊重，但也十分嚴肅的架勢；而且許多人，尤其是英國牧師們，當他們充滿情感地著重提及這個自相矛盾的用語時，把目光轉向了一條眞正的啟示道路：這就是「第一原因」（*causa prima*）。他們知道這個第一原因就像空間的終點或者時間的起點一樣是不可想像的。因爲每一個原因都是一個**變化**，它必然迫使我們去追尋造成這一變化的前一個變化，如此以至無窮，無窮！甚至物質的第一狀態，一切後來狀態都由此而得以延續，由於它已經不再是第一狀態了，也就成爲不可想像的。因爲如果這個第一狀態本身曾經是後來狀態的原因，那麼這些後來狀態必定同樣已經永恆地存在了，而且存在於當前的現實狀態也不可能僅僅是現在才產生的。另一方面，如果這個第一狀態只是在某一既定的期間內才開始成爲因果關係的狀態，那麼由於它不再是靜止不動的，它就必定已經被這種或那種東西所改變了；但另一方面某種事物必定已經發生，某種變化也就必定已產生；這就再一次迫使我們去追尋它的原因——也就是一個先於它的變化；於是我們又一次踏上了因果關係的階梯，我們在這上面一步一步地被驅趕著，越來越高，沒有止境，沒有止境！（這些紳士肯定無臉對我談起物質本身是從虛無產生的！如果這樣，他們將發現等候著他們的進一步的必然結果。）因此，因果規律並不像一輛出租馬車那樣隨人擺布，只要到達了目的地就把它打發走；它更像歌德（Goethe）的詩中所說的，[7]一個學徒的小巫師使一個掃帚獲得了生命，而一旦這掃帚動了起來，就停不下來而且不停地掃水，直到老巫師本人來了才把它止住，因為只有這位老巫師才有這般法力。然而，在這些紳士中間，卻沒有這位老巫師。那麼，這些紳士們又做了些什麼呢？這些高貴而虔誠的眞理的熱愛者們，自然是最先知道自己的價值的，他們當然始終關切著去宣布，眞正的業績一旦在他們的表白中得以證明，就全部告成了，他們絕不希圖用巧妙回避的和祕而不宣的手法將注意從那些他們實際上只是看起來如此的著作上移開，這的確是眞的，就像蠢材的確愛戴高於一切的智者一樣。他們是怎樣去挽救他們的老朋友，那正處在極端悲慘的境地中奄奄一息的宇宙論證明的呢？原來他們想出了一個巧妙的計策。他們說：「朋友」，自從命運使你遇到了那位柯尼斯堡的固執老頭以後，你的處境非常不妙，你的兄弟們，本體論神學和物理學神學證明的處境也不比你好。不要緊，你不會被我們拋棄的（你知道，這就是我們所付出的代價）；只是你必須換一換你的外衣和名稱——這是無濟於事的——因為假使用眞正的名字來稱呼你，任何人都會溜之大吉。相反，**隱**

7　歌德：〈小巫師〉。

名埋姓，我們就能夠牽著你，並再次將你領進社會；只是像我們剛才說的，你必須隱名埋姓！這就是肯定的答覆！首先，你的論證必須因此而被稱爲**絕對**。這種稱呼具有陌生、莊嚴而高貴的味道，沒有人比我們更懂得擺出大架子就完全可以對付這些德國人了。當然，人人都知道它的眞正含義是什麼，並且以這種學問自誇。但是你必須主動地把自己在省略三段論的形式中掩藏起來。你一定要拋棄所有那些公開的三段式和前提，你過去常常用這些東西把我們引入了令人厭煩的漫長道路，因爲誰都知道這些東西是怎樣的毫無用處。像一個言而無信的人那樣厚著臉皮，端起自滿自足和目空一切的架子站出來，你一定會一舉成功的。高聲叫道（我們也會隨聲附和的），「絕對，該死的！它必須存在，否則一切都將不存在！」來，用你的拳頭去捶打桌子。絕對是從哪裡來的？「多麼愚蠢的問題！難道我沒有告訴你它是絕對嗎？」——眞是夠了，夠了！德國人習慣於從字面上而不是從思想上使自己得到滿足。我們不是從他們生下來就這樣地訓練他們嗎？只需看一看黑格爾主義吧！它不過就是一些空洞的、虛假的、令人作嘔的廢話罷了！然而，這位哲學上的趨炎附勢之徒的經歷是多麼輝煌！幾個被僱來的人只是勉強爲這種劣貨喝了個彩，他們便立刻在由一千個笨蛋組成的空谷中找到了回聲，——這回聲在不斷地回盪和擴散——看吧！一個才智平庸的人，一個普通的騙子轉眼便成了偉大的思想家。所以，拿出勇氣！並且，我們的朋友和恩人，我們還將從其他方面來幫助你，因爲說實在的，沒有你我們還怎麼活？那位好吹毛求疵的老頭康德，對理性進行了批判，而且捆住了她的翅膀，對嗎？那好，我們就發明一種**新的**理性，比如一種聞所未聞的理性，——一個並不思想，而只掌管直覺的理性，——一種審視觀念（這是爲故弄玄虛而製造的一個誇張的字眼），親自來審視觀念的理性；或者說對你和別人力圖證明的東西直接地加以理解的理性；再或者說，一種預示著所有這一切的理性——最後這一點對那些不關心做出大的**讓步**，但也想得到一點小小滿足的人，是很有用處的。這樣，出於這種新的理性的直接啟示，也就是出於上述的這些啟發，我們還是放棄早先已經深入人心的通行概念吧。至於那種已被批判過了的過了時的理性，讓我們把它降級稱爲知性，把它攆走吧。然而，眞正的、眞實的知性又是怎樣的呢？——我們究竟應當怎樣對待這種眞正的、眞實的知性呢？——你帶著懷疑的表情微笑著；但我們知道，我們的聽眾，善男和信女們，正坐在我們面前聽講用的條凳上（參閱歌德的詩〈時代的標誌〉）。范魯拉姆的培根（Bacon）在他的時代曾說，「青年人在大學裡學習信仰。」在這一方面，他們想跟我們學多少就能夠學多少；我們手頭存有一大堆關於信仰的論文。假如你被什麼疑慮所困擾的話，那麼請你記住我們是在德國，任何其他國家都將是不可能的事，在這裡卻會發現是可能的：這裡有一個遲鈍的、無知的、冒牌的哲學家，他的難以名狀的空洞而冗長的論述將人們的思維完全澈底地攪亂了，這樣一個荒唐的劣等作家——我說的就是深受愛戴的黑格爾——實際上不僅不受譴責，甚至也不遭恥笑地被宣布爲深刻的思想家，而且還準備接受這樣的褒獎：的確，這種虛構的東西已經得到了過去三十年的信任，而且直到今天還在被相信著！——因此，我們一旦在你的幫助下有了這個絕對，那麼，儘管有康德和他的批判，我們也是十分安全的。——這樣我們就可以唱起哲學的高調，把宇宙用一種根本不同的演繹法，從絕對中推演出來，這種推演一個比一個令人厭煩，——順便指出這就是它們僅有的相似之處。這樣，我們可以把世界稱爲有限，而把絕對稱爲無限。——這就給我們的無稽之談提供了一個可以接受的變換，——並且不談上帝以外的任何事物，單純地解釋他怎麼樣，爲什麼，然而就透過什麼樣有意或無意的步驟創造出或產生出世界的，表明他是在世界之中，還是在世界之外，等等，似乎哲學就是神學，似乎它在找尋關於上帝的啟示，而不是關於宇宙的啟示！

因此，我們在這裡所涉及的，而以前我們只是簡略提到過的關於宇宙論證明的論述，嚴格說來，就在於它斷言了關於**生成**的充足理由律或因果規律必然導致一種將這種證明摧毀並宣布它爲無用和空虛的思想。因爲第一原因絕對只能透過結論上溯到理由的過程，透過一個無限延續的系列才能達到；然而，如果不立刻取消充足理由律，要在第一原因那裡停止下來是不可能的。

正如我們在第二章表明了本體論證明的無效那樣，我在這裡又簡明扼要地表明了宇宙論證明的無效，這樣，贊成我的讀者可能希望我對物理學—神學的證明也採取同樣的做法，這個證明更是似是而非。然而，由於它本身的性質屬於一個不同的哲學知識範圍，在這裡要討論它是十分不恰當的。因此我向贊成我的讀者推薦康德的《純粹理性批判》以及《判斷力批判》，在那裡他內行地處理了這一課題；我還要向贊成我的讀者推薦《自然界中的意志》[8]中我本人對

8 見《叔本華著作集》（十卷本），第五卷，狄奧根尼出版社，德文版，一九七七年。

康德消極做法的一個補充，這雖然不是一本大部頭的著作，但內容卻充實而有分量。至於那對此並不關心的讀者，他盡可以將這本著作，或者確切點說，所有我的著作，不加閱讀地傳給後代。這不關我的事；因爲我不是爲一代人而是在爲許多代人寫作。

這樣，由於因果規律是先驗地爲我們所知，並因而是一種超驗的規律，可以適用於一切可能的經驗因而是毫無例外的，這正如將在本書第二十一節中所要表明的；並且，它根據一個已知的、確定的、相對來說的第一個狀態，決定了同樣確定的第二個狀態必然地有規則地，也就是永恆地接著產生；所以原因和結果的聯繫是必然的聯繫，這樣，因果規律就使我們能夠建立起假言三段論，從而也表明因果規律本身也是充足理由律的一種形式，充足理由律乃一切判斷都必須建立於其上，並且正如我們將進一步表明的，作爲一切必然性的基礎。

充足理由律的這一形式，被我稱爲**關於生成的充足理由律**，因爲它的應用一律都事先假定了一個變化，一個新狀態的出現：因而也就是新狀態的生成。它的一個本質特徵是：在時間中由因果關係連結起來的兩種狀態，原因總是先於結果（參照第四十七節），這就爲我們提供了在由因果關係聯繫起來的兩個狀態中區別什麼是原因、什麼是結果的唯一的原始標準。而在某些場合則相反，我們對因果聯繫的認識，是透過以前的經驗；但是不同狀態前後相繼的速度是如此之快，以至於其中發生的順序沒有被我們的知覺所覺察。於是我們便根據因果性而對連續做出完全有把握的推斷：例如，我們由此推斷出火藥的點燃是在爆炸之前。[9]

從因果性和連續之間的這種本質聯繫可以得出，關於相互作用的概念嚴格說來是沒有任何意義的；因爲它假定了結果將再一次成爲它的原因的原因：這就是說，跟隨在後的東西同時也是領先於前的東西。在我加在我的主要著作中並向我的讀者推薦的〈康德哲學批判〉[10]中，我詳細地表明了這一受人喜愛的概念是不能接受的。也許可以說，恰恰是在作者的思想越來越缺乏條理的時候，才往往求助於這個概念，並且這也就是這一概念爲什麼頻頻被使用的原因。而且顯然，當一個作者陷於才窮智竭的境地時，「**相互作用**」這個詞來得要比其他詞彙方便；實際上，它可以被當作一種報警信號，表示著作者已經流於膚淺。還值得指出的是，"Wechselwirkung"這個詞，照字面來講是相互運動，——或者照我們的翻譯，**相互作用**——是只能在德語中才能找到的，並且在任何其他語言日常用語中，是不存在與之含義完全相等的字眼的。

以因果規律爲根源，產生出兩個必然的結果，這兩個結果作爲先驗的認識，因而作爲無可

---

9 在此，我請讀者參考《作為意志和表象的世界》，德文第二版，第二卷，第四章，第四十一頁；第三版，第四十五頁。

10 同上書，第二版，第一卷，第五一七—五二一頁；第三版，第五四四—五四九頁。

非議並且毫無例外的認識而被認可了。這就是**慣性規律**和**實體不滅規律**，前一個規律證明，一個物體可能存在於其中的任何一種狀態——靜止狀態以及任何一種運動狀態，——除非有某種原因伴隨發生而將它改變或取消，必定是毫無變化，毫不減小或增大地永遠保持原狀。而另一個使物質永恆得到確認的實體不滅規律，則來自這樣一個事實，即因果規律只是適用於物體的**狀態**，諸如靜止、運動、形式以及質料，因爲它只是專門地支配這些狀態在時間上的產生或者消失；但是，它不適用於**承受著**這些狀態的存在，我們也把這個存在稱爲**實體**，以便確切表明它是外在於一切產生和消失的。「**實體是不滅的**」，這意思是說，實體是既不能產生，也不能消失的：因而它在宇宙中存在的量是既不能增加，也不能減少的。我們對此的先驗認識，是由我們意識無可辯駁的確定性所證明的，因此，當我們看到一個物體消失時——不管這種消失是因爲咒語，還是精細的不斷分割，還是燃燒，還是揮發，或者實際上由於任何一種過程，——我們都仍然堅決地假定它的實體，也就是它的物質，必定是以沒有減少的量存在於這個或那個地方，不論它的形式是如何變化；同樣，如果我們感覺到一個物體在它以前並不存在的地方突然出現了，這必定是由一些不可見的細小部分的結合所造成或形成的——例如，沉澱——但是它，也就是它的實體，卻不可能是到這時才開始存在的；因爲這是完全的不可能並且是不可想像的。我們據以事先先驗地假定這一點的確定性產生於這樣一個事實，即我們的知性絕對不具備據以想像物質的開端與結束的形式。因爲如前所述，因果規律——我們由以想像一切變化的唯一形式——只是適用於物體的**狀態**，並且在任何情況下都絕不適用於**承受**了所有這些變化的存在：**物質**，這就是爲什麼我要把物質永恆的原則歸之於因果規律的必然結果的原因。而且，我們是不能後天地得到關於實體不變的確信的，這部分是由於在大多數情況下，這一確信是不能後天經驗地建立起來的；部分也是由於任何一種僅僅憑藉歸納法而獲得的經驗知識，只具有近似的，因而是不充分的確定性，而絕不具有無條件的確定性，因此，我們關於這一原則的信念的確定性，與我們對任何**經驗地**發現的自然規律的精確程度的確信把握相比，屬於一個不同的種類和性質，因爲它具有一個根本不同的、絕對牢固的、從不動搖的確定性。關於這一點的理由是，這個原則表明了一種**超驗的**認識，即一種先於一切經驗地決定和確定在整個經驗範圍中按任何方式來說是可能的東西的認識；但恰恰由於這一點，它把經驗世界歸結爲純粹的腦的現象。甚至自然界的非超驗的規律中最有普遍性的，並且是最少有例外的規律——引力規律——也是屬於起源於經驗的，因而不具有關於其絕對普遍性的保證；所以它一次又一次地被質疑，偶爾也出現在我們的太陽系以外對於它的有效性的懷疑中；而且天文學家們小心翼翼地注意著任何他們可能會遇到的任何表明它的可疑性跡象，從而表明他們是把引力規律看作純粹的經驗規律。我們當然可以提出它在被**絕對**虛空所分離開的物體之間是否有效的問題，或者在某個太陽系中引力作用是否可以不由某種以太爲中介的問題，以及在恆量之間引力作用是否完全可以繼續存在的問題；但是，這些問題都只能容許有一個經驗的解決，而這也就證明了在這裡我們並沒有涉及先驗的認識。另一方面，如果我們承認康德和拉普拉斯（Laplace）的假設，這是一個最有希望的假設，即假定每一個太陽系都是由原始**星雲**透過凝聚過程逐漸發展而來的，我們就一刻也不會去設想原始的實體從**無**中產生的可能性：恰恰是由於實體不滅原則的超驗性質，我們必須假定在這裡或那裡事先就存在著實體的微粒，以及由於這樣或那樣的原因它們聚集到了一起。在我的〈康德哲學批判〉[11]中，我詳細地說明了，所謂**實體**不過是**物質**的另一個名稱，離開了物質，實體的概念就是不現實的，因而它的根源是來自物質，並且我還特別指出了那個專門服務於一種不可告人目的的概念是怎樣形成的。正如許多其他同樣確鑿的眞理一樣，物質的永恆性（所謂實體的不變性）是哲學教授們的禁果；於是他們扭扭捏捏地對其側目一瞥，便溜走了。

正是由於決定著一切**變化**但又從未超出變化的無窮無盡的原因與結果的鏈條，其作用範圍是有限的，所以有兩個現存的東西不爲所動地保持著原狀：一方面，正如我們剛才所表明的，是**物質**；另一方面，是自然界的原始**動力**。前者（物質）始終不受因果關係的影響，因爲它是**承受著**一切變化的東西，或者說它是變化的**基礎**；後者（原始動力）始終不受因果關係的影響，則是因爲它將因果關係賦予了原因，也就是把發生作用的能力賦予了原因，因而原因占有它就像封臣占有了采邑。原因和結果是與時間中的必然連續聯在一起的**變化**，而使一切原因發生作用的各種自然力，卻不發生任何變化，因此從這個意義上講，它們是處於時間之外的，但

---

11 見《作為意志和表象的世界》，德文第二版，第一卷，第五五〇頁；第三版，第五八〇頁。

恰恰又是由於這個原因，它們始終處處儲備著，無時不在並且不可窮盡，只要因果關係的線索提供了機會，它們隨時準備使自身得到顯示。一個**原因**和它的**結果**一樣，始終是某種個別的東西，是單個的變化；然而自然力則是某種普遍的、永恆不變的、無時不在和無處不有的東西。例如，一段細線被琥珀所吸引，在目前就是一個結果；它的原因則是事先琥珀與細線的摩擦和實際接觸；以及其中發生作用並決定這一過程的**自然力**，也就是電。關於這件事情的解釋可在我的主要著作[12]中見到，我在那裡還表明了在一個由許多原因和結果組成的長鏈條中，一些極不相同的自然力是怎樣相繼在其中發生作用的。透過這一解釋，暫時的現象與發生作用的不變形式之間的區別，就變得非常清楚了；而且，由於整個第二十六節講的都是關於這個問題，這裡提供一個簡明的概述也就足夠了。自然力藉以在原因和結果的鏈條中顯示自身的**規則**——因而也就是把自然力同原因和結果連接起來的鏈環——就是自然規律。但是，自然力與原因之間的混淆，就像它對思想條理性的侵害一樣時有發生。看來的確還不曾有人在我之前對這些概念之間的區別做出精確的規定，不論做出這一區分也許已經是多麼的當務之急。自然力不僅透過諸如「電力、引力等等是某某的**原因**」這種表述而轉變成爲原因，而且甚至被那些荒謬地爲電力、引力去尋找原因的人變成了結果。然而，用把一個東西歸結爲另一個東西的方法來減少自

---

12 見《作為意志和表象的世界》，德文第二版，第一卷，§26，第一五三頁；第八版，第一六〇頁。

然力的數目，例如磁力在我們的時代已被歸結爲電力，完全是另一回事。每一種**真正**的，因而也就是眞實的原始自然力——並且每一種基本的化學特性都屬於這些力——在本質上是一個超自然的質，也就是說，它不容許有物理學上的說明，而只能有形上學的解釋，或者說，只容許有一種超越於現象世界的解釋。在將原因和自然力混淆起來，或者不如說等同起來這一點上，曼·德·比蘭（Maine de Biran）的《物理學和道德學新論》是遠非他人所能及的，因爲這是他的哲學所必不可少的。還應該指出，當他說到原因時，他很少單獨使用**原因**這個字眼，而幾乎總是喋喋不休地談論「原因或力」，恰如我們以前在第八節中看到的，斯賓諾莎在同一頁書上使用「理由或原因」這個詞就達八次之多。這兩位作者都顯然意識到了他們將兩個根本不同的東西等同了起來，以便能夠根據不同的情況，隨心所欲地使用這一個或另一個；爲了這一目的，他們不得不面對讀者一再堅持這種等同。

現在，作爲每一種變化的決定者的因果關係，根據**三種**不同的形式使自己在自然界中得到了體現，這三種形式就是：作爲最嚴格的意義上的**原因**的形式；作爲**刺激**的形式；作爲**動機**的形式。無機物、植物、動物之間的眞正的、本質的區分正是以這些形式之間的不同爲基礎，而不是以外部的、解剖學上的區別，更不以化學上的區別爲基礎。

一個最狹義的原因，就是僅僅使**無機界**中的變化隨之產生的原因，也就是說，使那些構成機械學、物理學和化學的主題的結果隨之產生的原因。牛頓的第三定律，「作用力和反作用力彼此相等」，就專門適用於這種原因，這個定律還闡明了，在先的狀態（原因）承受著與它所造成的狀態（結果）相等的變化。而且，僅僅是在因果關係的這種形式中，結果的度才總是與原因的度完全一致，這就使我們能夠透過其中的一個來精確地計算另一個。

因果關係的第二種形式是刺激。它以這種形式支配著**有機的**生命世界，也就是說，支配著各種植物的生命和作爲動物界生命中無意識部分的植物性成分。這第二種形式以缺少第一種形式的特有標記爲特徵。因此在這種形式中，作用與反作用是不等的，而且一個結果的強度在一切情況下無論如何都不與它的原因的強度相一致；事實上，原因的強化甚至可能導致相反的結果。

因果關係的第三種形式是動機。在這種形式下面，因果關係支配著動物生命本身：這就是說，支配著一切動物外部的、有意識地進行的活動。動機的媒介就是認識：因而理智是爲動機的感受性所需要的。因此，動物的眞正特徵在於認識能力和表象能力。這樣，動物總是按照某些目標和目的來活動，因而這種目標和目的必定已經爲動物所認識：這就是說，目標和目的必定已經把自身作爲某種與動物本身不同而又爲動物所意識到的東西呈現給了動物。因此，動物的中肯定義應當是：進行認識的東西，因爲任何其他定義都不切中這一特點，或者甚至可能經不起研究的檢驗。沒有認識的能力，就必然沒有由動機產生的運動，而由刺激導致的運動只能維持植物的生命。所以，感應性與感受性是不可分割的。然而，動機顯然是按照與刺激完全不同的方式在起作用，前者的作用可以非常短暫，甚至只需要一個瞬間；因爲動機的功效不同於刺激的功效，並不與這種作用的期間長短，以及與對象的接近程度等等有任何關係。因此，一個動機只要被領悟就獲得了結果，而刺激則始終需要有外部的，經常甚至是內部的接觸並且總是需要有一定的時間長度。

這一關於因果關係的三種形式的簡要概述，到此也就足夠了。這些形式在我的獲獎論文〈論意志的自由〉裡得到了更充分的闡述。[13]然而，有一件事情卻仍然需要加以強調。原因、刺激和動機之間的區別，顯然只是存在物的**接受性**的不同程度的結果：存在物的接受性越強，所受影響的性質也就可以越微弱：一塊石頭需要碰撞，而人則服從於觀察。然而，這兩者都是被一個充足的原因所驅使，因而具有同樣的必然性。「**動機的形成**」，不過是經歷了認識的因果關係，而理智則是動機的工具，因爲它是最高程度的接受性。然而，因果規律並沒有由此失去任何嚴密性和確定性；因爲動機就是原因，並且按照爲一切原因所具有的同樣必然性而發生作用。由於動物的理智較爲簡單，只是侷限於對當前事物的知覺，因而在動物那裡，這種必然性就容易被覺察。人的理智是雙重的：因爲人不僅具有直觀的認識，而且也具有抽象的認識，這種抽象的認識並不侷限於當前的東西。人具有理性，因而他具有運用明確的意識做出抉擇的力量；就是說，他能夠對各種彼此互相排斥的動機進行權衡；換言之，他能夠讓這些動機在自己的意志面前進行較量。然後，最強有力的動機就以和一個球被碰撞後滾動起來恰恰相同的必然性決定了他和他隨之而來的行動。意志自由的含義是（這不是教授們的廢話），「某個

13 見《倫理學的兩個基本問題》，德文版，第三十一—三十四頁。

既定的人，在**既定的場合**，**能夠按**兩種不同方式行動。」但是這一論斷的完全背理性，卻像任何能夠超出純數學界限的眞理一樣，是一個確定的並被清楚證明了的眞理。在我的〈論意志的自由〉這篇獲得了挪威人士褒獎的論文中，這一眞理以更加明確、更加有條理和前所未有的澈底方式而被證明，而且，在這裡還專門涉及了有關我們意識的一些事實，無知的人以爲根據這些事實那些背理性將會得到證實。然而，從本質上說，霍布斯、斯賓諾莎、普利斯特列（Priestley）、伏爾泰（Voltaire），甚至還有康德，[14]全都講述過同樣的主張。我們的職業哲

14「不論人們從形上學的意圖形成了什麼樣的自由意志的概念，然而它的現象，即人的行動，都必定受普遍的自然規律支配，就像在自然中任何其他事件一樣。」（康德：《一般歷史觀念》，導論，I。）

「一個人的一切行動，就它們是現象來說，都是按照自然的秩序，根據他的經驗特徵和其他一些伴隨原因而被決定的，並且我們如果能夠對他的意志的所有表現進行刨根問底的研究，那麼就將沒有一個單個人的行動不能被我們以確定的方式來預言和根據其必然的先行條件而認識。因此，不存在與這種經驗特徵相聯繫的自由，然而當我們單純地**觀察**並且像人類學那樣對人的行動的目的因試圖進行生理學的研究時，我們就能認為人僅僅是同自由有關的。」（《純粹理性批判》，德文第一版，第五四八頁；第五版，第五七七頁。）

「因此可以理所當然地認為，如果我們能夠對一個人從他內部和外部活動體現出來的思想方式有足夠充分的了解，從而使我們認識每一個，哪怕是最細小的動機並以同樣的方式認識影響這一些行動的全部其他原因，那麼我們將來就有可能像計算日食或者月食一樣準確地計算這個人的行為。」（《實踐理性批判》，羅

學家，當然不讓這去妨礙他們關於自由意志的鴻篇大論，好像這是一個從來不成其爲問題的不言自明的事情。但是，這些紳士是如何想像上面提到的偉人受大自然的恩賜而降生於世的呢？難道是要使他們（這些教授們）能夠藉哲學以謀生嗎？——既然我在我的獲獎論文中對這一眞理做了空前清楚的證明，而且既然皇家科學院已經透過把我的論文載入史冊而確認了這一證明，這些大人物就他們所持的觀點而論，的確應當向這種如此有害的主張、這種如此可惡的異端發起一場強大的攻勢，並將它徹底駁倒。而且，由於我在另一篇論文〈論道德的基礎〉[15]中已經證明了康德的實踐理性及其強制性範疇的毫無根據，而這又在道德律的名義下一直被這些紳士們用來當作他們自己淺薄的道德體系的基石，所以這一任務就更加緊迫了。我是如此明確又無可辯駁地表明這是一個無用的假定，以致稍有鑑別能力的人都不再可能相信這種虛構。——「噢，他們也許是這樣做的。」——不！他們是非常小心地不在這種容易栽跟頭的地方冒險的！他們的本事就在於管住自己的舌頭；沉默就是他們爲反對理智、眞誠和眞理所做的一切。在他們從一八四一年以來出現的粗製濫造的作品中，沒有一個絲毫注意到了我的《倫理學》——無疑這是最近六十年以來出版的關於道德哲學的最重要的著作——而且，他們對我

森克朗茲編，第二三〇頁；第四版，第一七七頁。）

15 見《倫理學的兩個基本問題》。

和我的眞理的懼怕是如此厲害，以致沒有一家學院或大學主辦的學術雜誌甚至提到這本書。Zitto，Zitto（安靜，安靜），以免公眾看出什麼名堂，這就是他們的全部策略。無疑，保存自己的本能可能就是這些狡計的起因，難道哲學不應該如此鶴立雞群，只以眞理爲唯一目標，除此之外不考慮別的，而倒應該去迎合那在眾說紛紜的影響下由那些只憑感情禮貌資格的人而建立的渺小體系嗎？他們對我的著作可鄙的懼怕就是對眞理的懼怕。也不能否認，恰恰是這個關於意志一切活動的完全必然性的主張，是必然與他們所偏愛的跟著猶太教的榜樣亦步亦趨的「老婦人」哲學的全部假設相矛盾的。然而，這種經受過嚴格檢驗的眞理，是絕不會被所有這一切擾亂的，作爲一種可靠的證據和標準，作爲一個眞實的「給我一個支點」（阿基米德〔Archmedes〕語），它證明了整個這種「老婦人」哲學的無用性質，並且證明了對一種關於宇宙和人的根本不同而又無與倫比的深刻觀點的迫切追求。——不管這種觀點與職業哲學家的官方職責是否相符。

§21 因果關係概念的先驗特徵——經驗知覺的理智特徵——知性

在我們的哲學教授們講授的教授式的哲學中，我們直到今天還被教導說關於外部世界的知覺屬於感覺的事物，然後便跟著一個分別對五種感覺進行的冗長的論述；然而卻從未提及關於知覺的理智特徵：就是說，從未提及這樣一個事實，即知性的主要作用就在於透過其特有的因果關係形式，連同以因果關係爲前提的純粹的感性形式時間和空間，從根本上創造和產生了由少數感官的原始材料組成的對象的外部世界。而對這一點，我已經在本文第一版[16]對知性的幾個主要特徵做了論述，並且後來又在我的論文《論視覺和顏色》（一八一六）中做了更爲充分的發揮，羅薩斯（Rosas）教授曾對這篇論文表示讚賞，因爲他承認該文使他趨流於抄襲。[17]但是我們的哲學教授卻不願對此給予絲毫的注意，甚至也不願稍微注意一下任何其他偉大而重要的眞理，這些眞理是我作爲畢生目標和工作而闡述的，以確保它們成爲人類的永久資產。這種觀點不對他們的口味，或者不合他們的意見；它絕不通往神學，甚至也不適合於爲較高級的

---

16 一八一三年，第五十三—五十五頁。

17 進一步的詳細敘述見我的《自然界中的意志》，德文第一版，第十九頁；第三版，第十四頁。

國家目的去培養學生。總之，職業哲學家們並沒有意識到要向我學習，甚至也沒有看到他們可以向我學習的東西有多少：也就是說，沒有看到他們的孩子，以及孩子的孩子將要向我學習全部東西。他們寧肯坐下來爲了所謂公眾的利益，去編造冗長的形上學奇談，而每個人都缺少自己的思考；而如果手指頭就是一個充分的資格的話，那麼這個資格他們無疑是具備了。當馬基維利（Machiavelli）說到在他之前赫希俄德（Hesiod）[18]就講過的話時，他是多麼正確呀！他說：「有三種類型的頭腦：第一種是依靠自己去獲得關於事物的知識並理解它們；第二種是透過別人向他們講解而認識眞理；第三種則是既不能透過自己也不能透過別人去獲得眞理。」[19]

的確，這樣一種設想是必定要爲眾神所摒棄的；這就是去設想外部的、可感知的世界，充滿了三維空間並在不可逆轉的時間長河中運動，每一個步驟都毫無例外地受因果規律支配，並且總而言之僅僅服從於我們在一切關於它們經驗之前就能指明的各種規律，——我們說，這是這樣一個世界，它可以具有一個外在於我們的，排除任何我們自身力量的眞實而客觀的存在，然後它找到了透過單純的感覺而進入我們的頭腦的方式，這樣在我們內部便有了一個同外部存在一樣的第二性的存在。然而單純的感覺畢竟是何等極其可憐的東西！甚至在我們最高級的感

18 赫希俄德：《神譜》，第二九三頁。

19 馬基維利：《君主論》，第二十二章。

官中，它也不過是一個局部的、特殊的感受，容易被某種細微的變化影響，而本身又總是主觀的並因而不能包含任何客觀的、類似知覺的東西。由於感覺始終是一個機體內部的過程，而且本身侷限於表皮的範圍內；因此它不包含有超出這個範圍之外的東西，或者說不包含任何外在於我們的東西。一個感覺可以是快樂的或者痛苦的，——這表示出一種與意識的聯繫——但是在任何感覺中，都不存在有客觀的東西。在感官中，感覺由於神經末梢的匯集而增強了，並且容易由於這些神經末梢的廣泛分布以及包裹它們的表層的靈敏而無端地激動起來；此外，我們感官中的感覺還尤其容易接受某些特殊影響，如光線、聲音、氣味；儘管如此，這種感覺就像我們身體內部的所有其他感覺一樣，也始終是單純的感覺，因而在本質上是某種主觀的東西，對於它的變化我們只能透過我們**內**感覺的形式時間而直接地去認識，也就是說，在時間中連續地去認識。只是當**知性**開始發生作用的時候，——這不是那種單一的、靈敏的神經末梢的功能，而是一個被稱之爲大腦的奇妙的、複雜的、重約五至十磅的結構的功能，——只是當它開始運用它獨有的形式——**因果規律**時，才發生了一個強有力的轉變，主觀的感覺由此而成爲客觀的知覺。知性借助於它本身的特有的形式，因而是先驗的，也就是先於一切經驗（因爲在此以前，一切都不可能存在）的形式，把已知的肉體感覺設想爲一個**結果**（這是唯獨知性才能理解的一個詞語），這樣的結果必然地包含了一個**原因**。它同時喚起同樣現成地存在於它的理智（即大腦）中的**外**感覺形式空間的協助，以便把這個原因移到機體之外。正是由於這樣，外部世界才首次產生了，只有空間才使它成爲可能，這就使先驗的純粹直觀必須爲經驗的知覺提供基礎。正如我馬上就要進一步表明的，知性在這一過程中，運用了這些由已知的感覺提供給它的所有材料，甚至是最細微的材料，以便在空間中將它的原因構造得與這些材料相一致。然而這種理智的作用（這遭到了謝林[20]和弗里斯[21]的斷然否認）並不是借助於概念和詞句的推理和反思而從抽象中產生的；相反，它是一個直觀的和完全直接的過程。因爲只有這樣，因而只是唯獨**在**知性**之中**並且**由於**知性，眞實的、客觀的、充實於三維空間的有形世界，才按照相同的因果規律，使自身得到體現，並進而在時間中進行變化和在空間中進行移動。——因此正是知性本身創造出了客觀的世界，因爲這個世界是不能透過感覺和感官的孔道現成地、毫無生氣地從外面走進我們大腦的。事實上，感覺所提供的，不過是被知性立即用來製造關於有形世界的客觀觀念的素材，這些素材透過我們已經表明了的簡單形式即空間、時間和因果關係的形式而服從於一些固定的規律。所以，我們日常生活中的**經驗知覺**是一個**理智**的東西並且有權要求這一屬性，而德國的冒牌哲學家卻把它交給了一個夢幻世界的虛假直觀，他們所偏愛的**絕對**假定要在這裡完成自身的發展。現在，我將透過指出由以建成美麗大廈的材料是多麼的粗糙，來表明感覺與知覺的天壤之別。

---

20 謝林：《哲學著作集》，德文版第一卷，第二三七、二三八頁。

21 弗里斯：《理性批判》，德文第一版，第一卷，第五十二—五十六、二九〇頁。

嚴格說來，客觀的知覺僅僅利用了兩種感覺：觸覺和視覺。唯有這兩種感覺提供了作為基礎從而使知性按照剛才敘述的過程在其上構造出客觀世界的材料。其餘的三種感覺則基本上仍然是主觀的，因為這三種感覺雖然也指出了一個外部的原因，然而並不包含能使這個原因在**空間**中的關係得以確定的材料。**空間**是一切知覺的形式，也就是嚴格說來對象只能在其中使自身體現出來這樣一種理解的形式。因此，其餘的三種感覺無疑能有助於表明被我們用某種其他方式已經得知的對象的呈現；但是在這樣的感覺材料上卻不可能建立起任何空間構造，因而也就不可能建立起任何客觀的知覺。一朵玫瑰並不能因其香味而被構造出來，一個盲人可以終生沒有最細微的關於音樂家、樂器或者空氣振動的客觀表象而聽到音樂。另一方面，聽覺作為語言的媒介物具有重要的價值，並且由此成為理性的感覺。作為音樂的媒介物，聽覺也很有價值，這是使我們不僅抽象地而且直接具體地理解無數關係的唯一途徑。然而一個音樂的聲音或者曲調，並沒有提供關於空間關係的線索，因而也就從未促使它的原因的性質更加接近我們；而是我們逗留在它那裡，因為它不是知性構造客觀世界的材料。只有觸覺和視覺才是這樣的材料；所以，一個沒有手和腳的盲人，雖然能夠為自己先驗地按照所有的空間規律去構造空間，然而他得到的只能是一個非常模糊的關於客觀世界的表象。然而觸覺和視覺所提供的絕不是知覺，而僅僅是知覺的素材。由於知覺絕不包含在觸覺和視覺之中，所以，就像我馬上將要表明的，這些感覺與那些透過自身而呈現給我們的事物甚至沒有絲毫相同的性質。只是首先必須將真正屬於感覺的東西同由理智在知覺中附加給感覺的東西做出明確的區分。這在開始的時候並非易事，因爲我們是如此地習慣於從感覺立刻過渡到感覺的原因，以至於原因在我們還沒有注意到與之不同的感覺時就把自身呈現給我們，好像感覺爲這種來自知性的結論提供了前提。

這樣，觸覺和視覺首先都各有其特殊的長處，因此它們又彼此互相協助。視覺無須接觸，甚至無須接近物體；它的領域是無限的，並且延伸到星際空間。而且視覺還易於感受最微弱程度的光線、陰影、顏色以及透明度；這樣，它就爲知性提供了大量非常精確地規定了的材料，知性借助於實踐便能夠由此而構造出物體的形狀、體積、距離和性質，並且立刻將它們以可見的形式表象出來。另一方面，觸覺的確有賴於對物體的接觸；然而觸覺材料是如此的多樣化和如此眞實可信，以至於成爲一切感覺中最爲澈底的感覺。甚至，由視覺得來的知覺，最終也將歸結爲觸覺；而且，視覺也可以被當作是一個延伸到很遠距離的不完備的觸覺，它利用光線作爲一個長長的觸角；並且也正是由於它侷限於以光線作爲媒介，因而是片面的特性，所以是如此容易地陷入錯覺；然而觸覺則十分直截了當地爲認識體積、形狀、堅硬、柔軟、粗糙、溫度等提供了材料。在這裡，視覺得到了援助，這部分是借助於我們的臂膀、手、指頭的形狀和靈活性，知性在感知對象的時候根據它們的位置獲得了在空間中構造出物體的材料，部分是借助於肌肉的力量，從而使我們能夠得知物體的重量、硬度、韌度和脆度，所有這些都極少會導致錯誤。

然而這些材料卻無論如何沒有產生出知覺，知覺始終是知性的產物。我用手壓迫桌子而得到的感覺，並不包含關於這個對象中各部分堅實結合的表象，其實根本也不包含任何類似的東西。只是當我的知性從這種感覺進入到它的原因時，理智才爲自己構造出一個具有固態、不可入和堅硬等特性的物體。如果我在黑暗中把手放在一個平面上，或者握住一個直徑約三英寸的球，那麼在這兩種場合中，我的手的相同部位都會感受到壓力；在前一個或後一個場合，知性只是借助於我的手所得到的不同位置，才構造出以與其接觸作爲感覺原因的物體的形狀，這種原因由我所導致的位置變化而得到證實。一個天生的盲人在感知一個立方形的對象時，他的手的感覺在所有邊線和每一個方向都是完全一致和相同的：各條邊線其實是壓在他的手的較小部位上，而在這些感覺中根本不包含任何類似立方體的東西。但是，他的知性卻根據感受到阻力而得出了這種阻力必定有一個作爲原因的直接的和直覺的結論，這個原因然後又透過上述結論把自己作爲一個堅硬的物體而呈現出來；並且透過他的手臂運動感知對象而手的感覺始終不變，他在他先驗地得知的空間中構造出了物體的立方體形狀。如果一個關於原因和空間的表象，連同它們的規律不是已經就在那裡存在了，那麼關於立方體的形象就不會從他手上那些連續的感覺中產生出來。如果一條繩子從他手中拉過，那麼他就將根據他感知到的摩擦及其持續時間的原因，構造出一個長長的圓筒形的物體，均勻地在他手中的特定部位朝著同一個方向移動著。但關於移動的表象，即關於由於時間而在空間中發生的位置變化的表象，卻絕不會從他手上的純粹感覺中產生；因爲那種感覺從未包含，也從未透過自己本身而產生出任何這樣的東西。相反，正是他的理智必定先於一切經驗地在自身之中包含了空間和時間的直覺，以及同它們聯繫在一起的運動的可能性的直覺；而且它必定包含有因果性的表象，以便從一個感覺——

這是單獨由經驗提供的感覺——進入到這個感覺的原因，並把這個原因作爲具有這種或那種形狀、朝著這個或那個方向運動的物體構造出來。我的手的純粹感覺，與因果性、物質性，以及借助時間而在空間中發生的變動性的表象之間的差別是多麼巨大！我的手上的感覺，即使它的位置和它的接觸點變動了，也是一個極其單調和貧乏的材料，不能使我由此而構造出空間及其三個維度的表象，和關於物體之間彼此影響的表象，以及關於廣延、不可入性、黏聚性、形狀、堅硬、柔軟、靜止、運動等等特性的表象；總之，不能使我構造出作爲客觀世界基礎的表象。相反，這只有在理智先於一切經驗地在自身中包含了作爲知覺形式的空間，作爲變化形式的時間，以及作爲變化的發生和消逝的支配者的因果規律時，才是可能的。這樣，恰恰是在所有這些形式的全部經驗之前的預先存在構成了理智。從生理學上看，理智是大腦的一種功能，大腦在這裡透過經驗而學習，就像腸胃之於消化，或者肝臟之於膽汁的分泌一樣。另外，許多天生的盲人，獲得了足夠完備的關於空間關係的知識，從而能夠在相當程度上彌補視力的缺陷，並且做出驚人的功績，對於這種事實，不能再有其他解釋。例如，一百年前的桑德森（Saunderson），他是一個天生的盲人，曾在劍橋大學講授光學、數學和天文學。[22] 而愛娃·勞克（Eva Lauk）則恰恰相反，她天生缺胳膊少腿，但卻單獨借助於視覺像其他孩子一樣迅速

22 狄德羅（Diderot）在《談盲人的信》中，曾對桑德森做了詳細的解說。

地獲得了外部世界的精確知覺，對於這種事，我們也同樣只能用剛才的方式去解釋。[23]因此，所有這一切都證明，時間、空間和因果性不是透過觸覺或視覺或者任何其他外部的東西而傳輸給我們的，它具有一個內在的，因而不是經驗的，而是理智的起源。由此可以進一步推論出，關於形體世界的知覺本質上是一個理智的過程，是一個知性的產物，而感覺僅僅是在個別的情況下爲它提供了可以利用的機會和材料。

現在我將對於視覺做出同樣證明。在這裡唯一直接的材料是由視網膜的經驗而得到的感覺，雖然這種感覺包含著非常多的變化，但卻可以被歸結爲對帶有一系列中間程度的光明和黑暗的印象，以及對於色彩本身的印象。這種感覺完全是主觀的：這就是說，它只存在於機體之內和皮膚下面。確實，如果沒有知性，那麼除了我們眼中感受的，與我們外部對象的形狀、位置、接近或遠離不會有任何相同之處的特殊的、各種各樣的變化外，我們甚至永遠不會意識到這些中間標度。因爲在觀看時的**感覺**所提供的，不外是視網膜的一種多樣化的影響，恰如一個畫家的調色板濺上了各種顏色的景象。假如當我們在凝視著一個廣闊而美麗的風景時，突然在瞬間被剝奪了所有的知性，——例如由於大腦麻痹——，這樣在我們的意識裡，便不再有任何東西保存下來，然而感覺卻照原樣留了下來：因爲這個感覺是我們的知性剛才用以構造出了上

---

23 見《作為意志和表象的世界》，第二卷，第四章。

述知覺的素材。

這樣，知性所以能夠在空間的直觀形式的幫助下運用將結果歸之於原因的簡單功能，從如此有限的質料如光線、形狀和顏色中製造出有著無限豐富的不同形狀的可見世界，首先取決於這種感覺本身所給予的幫助：第一，視網膜作爲表面，容許有各種印象的並存；第二，光線總是沿直線運動，並且它在眼睛本身中的折射也是直線的；最後，視網膜對碰撞在它上面的光線是來自哪個方向具有直接的感受能力，這一點恐怕只有用光線滲透到了視網膜的下面來解釋。但是由此我們得知，單純的印象立刻便指示出其原因的方位；就是說，它直接地指出了一個對象的位置，光線就是從這裡射來或者被反射的。向這個作爲原因的對象的過渡無疑是以關於因果關係的知識以及空間規律的知識爲前提的，然而這種知識恰恰又構成了在這裡又一次用單純的感覺創造出知覺的**理智**的內容。現在讓我們更加周密地考察一下知性進行這種活動的步驟。

知性所做的第一件事，就是去修正有關這個對象的印象，這個印象是顛倒地出現在視網膜上的。據我們所知，這個最初的顛倒，是以下述方式產生的。作爲可見對象上的每一點都按直線向所有的方向發射光線，來自上端的光線與來自底端的光線經瞳孔上的縫隙互相交叉，由此上端射來的光線便碰撞在視網膜的底端，底端射來的便碰撞在上端，由右邊射來的光線便投影在左邊，反之亦然。眼睛上的折射器官，是由水狀液體、水晶體、玻璃體所組成的，它只是將從對象射來的光線聚集起來，以便使它們在視網膜狹小的空間上爲自己找到位置。這樣，如果觀看單純是由感覺組成的，那麼我們就會發覺對象的印象被完全顛倒了，因爲我們就是這樣

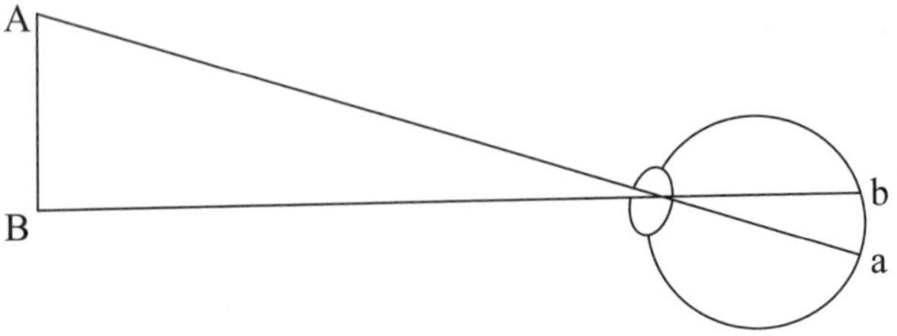

圖一

地接受它的；但是在這種情況下，我們會把它看成是我們眼睛中的東西，因爲我們將停留在感覺上。然而，事實上是知性透過感覺收到一個有關碰撞視網膜的光線的發出方向的材料時，便沿著顛倒的方向從兩條路線追溯到了它的原因；這時候便產生了相反方向的交叉，並且原因作爲一個外部對象在空間把自己呈現了出來，也就是說，在最初發射出自己光線的位置上，而不是這些光線所到達的視網膜的位置上把自己呈現出來（見圖一）。——這一排除了一切其他解釋，尤其是生理學解釋的過程的純粹理智性質，也可以從這樣的事實得到證明，即如果我們把頭放到兩腿中間，或者頭朝下地躺在一座小山上，我們卻仍然看到對象是處在它們原來的位置上，並不發生顛倒；雖然視網膜通常與對象下部相遇的部位現在與對象的上部相遇了：的確，沒有知性，一切事物都是顛倒的。

知性將感覺轉變爲知覺所做的**第二件**事，就是從一種雙重的感覺中製造出一個單一的知覺；因爲事實上每隻眼睛都從我們觀察的對象那裡獲得自己的獨立印象；每隻眼睛甚至都從一個細小的不同方向進行觀察；然而對象卻把自己作爲一個單一的東西呈現出來。這只能從知性中產生，並且它的發生過程是這樣的：除了當我們觀察遠距離的對象，即離開我們超過二百尺以外的對象時，我們的目光從來不是完全平行的。在此外的場合，這兩隻眼睛全都指向一個我們觀察的對象，它們藉此而聚集在一起，以便在每隻眼睛發出的對準了對象中某一確定點的視線之間形成一個被稱爲**視角**的**角度**；而視線本身則被稱爲視軸。這樣，當對象直接地擺在我們面前時，兩條視線就正好碰撞在每個視網膜的中心，因而也就落在每隻眼睛中兩個彼此完全對應的點上。儘管感覺在這裡是雙重的，然而以找出一切事物的原因爲自己唯一任務的知性，立刻就認出這印象是來自外部的一個單一的點，並把它歸爲**一個**原因，這個原因因而把自己作爲一個單一的對象而呈現出來。儘管我們看到了這個對象，但是我們把它看成是一個原因——這就是說，看成我們經驗的一個結果，因而是**在知性之中**的一個原因。然而，由於我們用雙眼所接受的不僅是一個單一的點，而是對象相當部分的表面，而又把它看成是一個單一的對象，這就有必要對這一解釋做進一步的探討。而對象中位於視角頂端一個邊上的所有那些部位不再直接地將它們的光線射到每隻眼睛視網膜的中心，而是射到每個視網膜的面上；客體位於視角兩個邊之中的那些部位，則把光線射到同一個視網膜的面上，比如說左邊視網膜的面上。這樣，視網膜上這些被光線碰撞的點，以及位於每個中心的點，就是彼此對稱地對應的——或者說，它們是**同型的點**。知性馬上就學會了認識它們，並且相應地也把前面提到的關於知覺的因果規則擴展到它們那裡，結果是，知性不僅把那些碰撞每個視網膜中心的光線，而且也把所有其他碰撞在雙眼視網膜上對稱地對應部位的光線，都歸結爲一個在觀察對象中的一個單一的發光點，這就是說，知性把所有這些點都同樣地看成是一個單一的東西，並且就整個對象來說也是如此。應當清楚地看到，在這個過程中，並不是一個視網膜的外邊與另一個視網膜的外邊相對應，也不是一個視網膜的內邊同另一個內邊相對應，而是一個視網膜的右邊與另一個視網膜的右邊相對應，如此類推；這就使得這種對稱性的對應必定不是在生理學意義上，而是在幾何學意義上採用的。在羅伯特·史密斯（Robert Smith）的《光學》，並且部分地在凱斯特內爾（Kästner）的德譯本（一七五五）中，我們可以發現關於這一過程以及與此有關一切現象的大量的十分清晰的圖樣。我只是舉出了其中的**一個**（見圖二），嚴格說來，它只是代表了下面提到的一種特殊情況，但是無疑，如果我們撇開點R的話，那麼它也適用於全體。按照這個圖解，我們始終使兩隻眼睛總是對準一個對象，以便使兩個視網膜上對稱的相應部位能夠捕捉到從相同各點上射來的光線。這樣當我們的眼睛沿邊緣和所有方向上下運動時，對象中首先碰撞在每一視網膜中心上的點，每一時刻都碰撞在視網膜的不同部位上，但是在一切情況下，每隻眼睛中的這樣一個部位，都與另一隻眼睛中具有同樣名稱的部位相對應。在考察一個對象時，我們讓眼睛在其上向前和向後滑動，以便對象的每一個點都陸續地與看得最清楚的視網膜的中心接觸：這樣我們就用眼睛澈底地感受到了

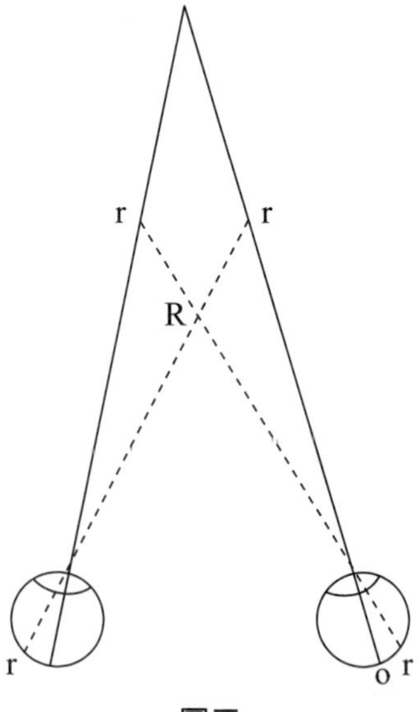

圖二

它。因此顯然，我們單憑兩隻眼睛的觀察，事實上與透過十個手指對一個物體的感受是相同的過程，其中每個手指都獲得了一個不同的印象，而且每個手指都處於一個不同的方位：然而這些印象的總和被知性認爲是來自**一個**對象，因而知性在空間中把握並構造出它的形狀和體積。這就是爲什麼一個盲人可能成爲一個雕塑家的原因。例如著名的約瑟夫．克蘭漢斯（Joseph Kleinhaus），他一八五三年死於提洛爾，從五歲起就是一位雕塑家。[24] 因爲，不論可以從什麼樣的原因中獲得自己的材料，知覺都永遠是知性的工作。

但是，正像如果我把手指交叉起來去觸摸一個單個的球，這個球在我看來就似乎是兩個一樣——因爲這時我的知性立即按照空間的規律將它歸之於原因並將它構造出來，便眞以爲這些手指還在它們通常所處的位置上，並且當然只能把與第一指和中指外部接觸的兩個球面歸因於

24　一八五三年七月二十二日的法蘭克福《論壇報》，對這位雕塑家做了如下說明：——「盲人雕塑家約瑟夫．克蘭漢斯於本月十日死於提洛爾的納德斯。他五歲時，因害天花而失明，作為消遣，他開始以雕刻和製作模型自娛。普魯格（Prugg）對他做了一些指導，並為他提供了模特。在十二歲時，他雕刻出了一個栩栩如生的耶穌聖像。他在費根的尼斯爾工廠的短暫停留期裡，全靠他的出衆才能和天資，他的進步如此之快，使得他很快以一位盲人雕塑家而名揚天下。他的作品是大量的和多種多樣的。他雕塑了大約四百個耶穌聖像，這尤為突出地證明了他熟練的技巧，特別是如果考慮到他是一位盲人的話。此外他還雕塑了許多其他題材，並且就在兩個月前，他還雕塑了佛朗茲．約瑟夫皇帝的半身像，這座雕像現已被送到維也納。」

兩個不同的球。同樣，如果我的雙眼不是對稱地集中起來並把視角放在對象的一個點上，而是用每隻眼睛從不同的斜角去看它，或者說，如果我是斜視的話，那麼一個對象看起來也會成爲**兩個**。因爲在這種情況下，從對象的**一個**點上射來的光線，不再碰撞在我的心靈經過長期經驗逐漸熟悉了的兩個視網膜上對稱的對應點上，而是碰撞在另外一些十分不同的點上，這些處於雙眼中對稱位置上的點只能按這種方式被不同的物體所影響；所以這樣我就看到了**兩個**對象，這恰恰是由於知覺是透過知性並且在知性之中而產生的。——同樣的情形沒有斜視也可發生，例如，當我盯住面前兩個與我距離不等的對象中較遠的一個，並且完全地把視角對準它時就是這樣；因爲從較近的那個對象射來的光線不是碰撞在兩個視網膜中對稱的對應部位，因而我的知性便把它看成是兩個對象，就是說，我看到較近的對象是兩個（見圖二）。相反，如果我把視角完全地對準較近的那一個，並且目不轉睛地看著它，那麼，較遠的那一個便表現爲兩個。透過將一支鉛筆舉到離眼睛兩英尺的地方，並且交替地觀看這支鉛筆和它後面較遠的另一對象，就能很容易地驗證這一點。

但是所有這一切中最妙不過的，是這一實驗可以完全澈底地顚倒過來；於是，儘管有兩個眞實對象直接並且很近地擺在我們面前，並且儘管我們的眼睛大大地睜開，然而我們看到的卻只是**一個**。這是關於知覺是知性的產物而不包含在感覺中的一個最突出的證明。將兩塊紙板卷成圓筒，長約八英寸，直徑約一點五英寸，並將二者互相平行地捆在一起，就像雙筒望遠鏡那樣，再將每個圓筒的底上各裝上一先令的硬幣。把我們的雙眼置於另外一端並穿筒望去，我們所看到的將是一個一先令的硬幣被一個圓筒所圍。因爲在這種情況下，兩隻眼睛被強迫置於完全平行的位置，從兩塊硬幣射出的光線恰好碰撞在兩個視網膜的中心，以及那些直接圍繞著它們的點上，因而也就是碰撞在那些彼此對稱地對應的部位上；所以，當一些對象接近我們時，知性眞的以爲這是視軸通常的聚焦點，便以爲反射光線的原因只是一個對象。換句話說，我們只是看到一個對象：知性對因果理解的作用就是如此地直截了當。

在這裡，我們沒有足夠的篇幅去逐一駁斥那些關於對單個物的視覺做生理學解釋的嘗試；但透過下述思考，它們的錯誤便顯現出來了：

1. 如果對單個物的觀看取決於某種機體上的聯繫，那麼作爲這一現象基礎的兩個視網膜上的對應點，就應當是機體意義上的對應，然而正如我們已經說過的，這些點的對應是純粹幾何學意義上的。因爲從機體的意義上講，兩隻眼睛的兩個內部夾角和兩個外部夾角，也都是對應角，眼睛的其他部位也是如此；然而爲了看到單個的物體，則是右邊視網膜的右邊與左邊視網膜的右邊相對應，如此類推，正如剛才敘述的現象所無可辯駁地表明的一樣。也正是由於這一過程的理智特性，所以只有那些最聰明的動物，如高級哺乳類動物和猛禽——特別是貓頭鷹——才把自己的雙眼安放在能夠將兩個視軸對準同一個點的位置上。

2. 由牛頓首先提出的關於視神經在進入大腦之前的匯合或部分交叉的假說，[25] 是錯誤的。很簡單，因爲這樣就不會看到由於斜視而造成的重影。此外，維薩雷斯（Vesalius）和凱薩庇努斯（Caesalpinus）已經從解剖學上提出例證，證明視神經在既沒有融合甚至也沒有接觸發生的情況下，主體仍能看到單個物體。最後一個對這種混合印象假說的反駁是由事實提供的。當我們緊閉右眼並用左眼觀看太陽時，光明的印象總是在一段時間內保持在左眼之中，而從未在右眼之中；反之亦然。

知性藉以將感覺轉變爲知覺的**第三**個過程，在於根據業已獲得的各種簡單的面來構造物體，也就是說，加上第三個維度。這是由測量物體在空間這第三個維度中廣延——這是先驗地被知性所認識的——透過因果關係，按照眼睛被對象所影響的程度以及按照光線和陰影的強度來進行的。事實上，雖然對象充實在整個三維空間之中，但是卻只能在我們的眼睛上形成一個二維的印象；因爲我們眼睛這種器官的性質就是這樣的，在觀察時，我們的感覺只能是平面幾何的，而不能是立體幾何的。在我們知覺中凡是立體的性質，都是由知性附加上去的，它唯一關於方位的材料是來自眼睛得到的印象，是這個印象的各個邊界，以及各種程度的明暗。這些材料直接地指示出它們的原因，並使我們能夠區分出我們面前的東西是一個圓餅還是一個圓

---

25 牛頓：《光學》，問題十五。

球。這個精神的過程，就像以前的過程一樣，是如此直接和迅速地發生了，以至於我們所能意識到的除了它的結果，沒有其他東西。正因如此使得透視法繪圖成爲一個如此困難的問題，以致我們只有用數學和強記才能解決；儘管透視法繪圖所要做的不過是把視覺作爲這第三個過程的一種材料而表象出來，就像它把自身呈現給我們的知性一樣，也就是說，知性在注視著一幅圖畫並注視著現實的時候，立刻對就自身來說僅僅是平面的視覺，對這平面視覺的**兩個**維度，連同其中上述的材料，加上了第三個維度。事實上，透視法繪圖是一種字體，這種字體就像印刷字體一樣易讀，但卻很少有人能寫得出來；這恰恰是因爲我們的理智在知覺的時候，僅僅是爲構造出它們的原因而去把握結果，而一旦它發現了原因時卻又立即忽略了結果。例如，一把椅子不論處在什麼位置，我們都立即認出了它；然而，畫出處在任何位置上的椅子則屬於從知性的這第三個過程進行抽象的技藝，以便把僅僅要由觀眾自己來補充的材料呈現出來。從最嚴格的意義上說，正如我們所見到的，這是透視繪圖的技藝；從較爲廣泛的意義上說，這是整個的繪畫技藝。一幅圖畫爲我們呈現出按透視規則畫出的輪廓，呈現出同光明與陰暗的結果成比例的多種較明顯和較暗的部位，而且還呈現出在性質和強度上由學到的經驗來決定的各種彩色斑塊。觀眾透過將類似的結果歸之於他們所習慣了的原因去閱讀和解釋這幅圖畫。畫家的技藝就在於將視覺材料有意識地保存在藝術家的記憶中，就像這些材料是在理智的這一第三過程**面前**一樣；而我們這些不是藝術家的人，一旦我們爲上述目的已經運用了這些材料，就不把它們保留在記憶中而是拋到了一邊。當我們進入到理智的第四個過程時，就會對這第三過程有更進一步的了解，第四個過程與第三個過程的內在聯繫，有助於說明第三個過程。

這個知性的**第四個**過程在於獲得關於對象與我們之間距離的知識：正是這一點構成我們一直在談論著的第三個維度。正如我們說過的，視覺向我們提供了對象所處的方位，但卻沒有提供與我們之間的**距離**，這就是說，沒有提供它們的**位置**。因此對於**知性**來說是要找出這個距離；或者換句話說，必須根據因果關係的確定來推論出這個距離。這時，最重要的就是關於對象所正對的**視角**的確定，然而它甚至也是十分不確定的並且從它本身不能斷定任何東西。這就像一個具有雙重意義的詞彙：它的含義只有在與其他詞彙相聯繫時才能被理解。一個正對著同一個視角的對象可以在實際上是小且近或者大而遠的；只有當我們事先就確定了對象的大小，視角才能使我們認出它的遠近。反過來說，當距離是已知的時候，我們就識別它的大小。直線透視是基於距離增加時視角變小這樣一個事實，它的規則從這裡是很容易推導出來的。當我們的視線相等地沿著所有方向延伸時，我們其實就像是從一個空心球體的內部去觀察每一事物，而我們的眼睛則占據了這個球體的中心。於是第一，有無數個相交的圓從各個方向經過這一球體的中心，而對這些圓分割所測量出的角就是可能的視角。第二，球體本身則按照我們給出的半徑的長度來修正自己的大小；因此我們也可以把它想像爲一個由無限多的同心的、透明的球體所組成。當所有的半徑都散開時，這些同心球體的大小便成比例地隨它們同我們之間的距離相應地增大，並且它們的弧度也相應地增加：因而占據著它們對象的眞實體積也就同樣地增大。這樣，當視角不變時，對象便依照它們在其中占據著相同份額——比如說 10°——的球體的體積而有的大一些，有的小一些，因此也就不能斷定，占據這10°的份額的既定對象，是一個直徑二英里的球體呢，還是直徑十英尺的球體。反之，如果一個對象的體積被確定了，那麼它所占據的度數便依我們所涉及的球體的距離和體積而成比例地減少，並且它的所有輪廓都將以相同的比例而縮小。由此便導致出了一切透視法的基本規律；由於各個對象和對象之間的間隔必然隨著它們與我們的距離而成比例地不斷縮小，因而它們的所有輪廓都在縮小，結果將是，隨著距離的增加我們之上的東西將會下降，我們之下的東西將會上升，一切處在邊緣的東西都將更加接近地聚攏，這種遞進的匯聚，這種直線的透視，無疑使我們能夠去估算距離，只要我們面前有由可見的彼此聯繫著的對象所組成的一個不間斷的接續。但我們單憑視角是做不到這一點的，因爲在更加精確地表明這個視角中我們要歸之於距離的貢獻時，從某種意義上說，知性在這裡需要另外一種作爲視角的注解材料的幫助。現在我們便有了這樣四種基本材料，這就是我所要詳細說明的。由於有了這些材料，即使沒有直線透視法的指引，如果一個人站在距離我們約二百英尺遠的地方，他正對著的視角要比如果他距離我們只有二英尺遠時小二十四倍，然而我們在大多數情況下是能夠正確地估算出他的大小的。所有這些再一次證明了知覺不只是感覺的東西，而且也是理智的東西。——在這裡，我想再補充下面這樣特殊而有趣的事實，以便證明我剛才說的關於直線透視法的基礎以及一切知覺的理智性質。當我用足夠長的時間盯住一個具有鮮明輪廓的彩色對象，——比如說，一個紅色的十字——使我眼中能夠形成一個綠色十字的生理學圖像，這時候，我越是把這個十字投射到遠離我們的表面上，它便顯得越大；並且反之亦然。由於圖像本身占據著我的視網膜上的一個不變的份額，也就是最先受紅十字影響的份額，所以當它被歸結爲，或者說被認爲是一個外部對象的結果時，它便形成了一個不變的視角，比如說2°的視角。於是在這種情況下，如果缺少對視角的任何注解，當圖像移到一個遠距離的表面上，我又必然把它與圖像作爲從屬圖像的結果而等同起來時，十字架就將占據一個遠距離的2°的視角，因而占據一個較大的球體，所以也就變大了。另一方面，如果我將圖像投射到一個較近的對象上，它就將占據一個較小的球體，因而也就變小了。在這兩種情況下，這種作爲結果的知覺是完全客觀的，與對於外部對象的知覺十分相像；並且由於它來自一個完全主觀的理由（來自一個按照完全不同的方式而引起的圖像），所以這種知覺進一步證實了一切客觀的知覺的理智特性。這個現象（我清楚地記得在一八一五年就已經第一次提到過）構成了塞根（Séguin）先生一篇文章的標題，發表在一八五八年八月二日的《報告》上，在其中，它被當成是一個新的發現，並被給予各種歪曲和荒謬的解釋。尊貴的同行先生們是不放過任何一個重複實驗的機會的，越複雜越好。實驗！這就是他們的口號；然而我又是多麼難得碰到以被觀察到的現象爲基礎的合理的、眞正的見解！實驗！實驗！隨後便是廢話。

回過來考察一下作爲既定視角注解的輔助材料，我們在其中首先可以發現眼睛的內部變化，眼睛借助於這種變化，透過折射的增加和減少來使自己的折射器官適應於各種不同的距離。這些對折射的修正是由什麼構成的，迄今尚未澈底查明。人們有時從角膜的增大了的凸狀物中尋找這些修正，有時從晶狀體的增大了的凸狀物中尋找它們；但是，在我看來最近有一種理論似乎是最爲可能的，按照這種理論，做遠距離觀看時，晶狀體向後移動，而做近距離觀看時則向前移動。在後一種情況下，側向的壓力導致了它的凸起增大；這樣，這一過程便恰恰與觀劇望遠鏡的機械過程相類似。然而刻卜勒（Kepler）已經大體上表述了這一理論，這在許克（Hueck）的小冊子《晶狀體的運動》（一八四一年）中已被闡明。如果我們並沒有清楚地意識到眼睛的這些內在的修正，我們至少也無疑是感覺到了它們，並且我們直接利用這種感覺去估算距離。然而爲看得清楚起見，由於這些修正超出大約七英寸到十六英尺的範圍以外就無效了，所以知性就只能在這些界限之內運用這一材料。

但是，超出這些界限，第二種材料就發揮作用了：這就是說，在我們講單個視覺時已經予以說明的由兩個視軸所構成的視角，就發揮作用了。顯然對象被移得越遠這個視角變得越小，反之則越大。兩隻眼睛彼此互相聯繫著的這種方位差，如果沒有造成某種細微的感覺是不會產生的，然而我們只是在知性直觀地估算距離，要把它作爲一種材料加以利用時，才意識到這種細微的感覺的。透過每隻眼睛都從一個細小的不同方位去觀看對象時所構成的視差，我們利用視角就不僅能夠辨認出與被觀察對象的距離，而且也能認出它的精確位置；以至於我們如果閉上一隻眼睛，對象便似乎是移動了。所以閉上一隻眼睛去剪燭花的確不容易，因爲這樣的話這種視角就沒有了。但是由於兩隻眼睛的方向在對象達到或超過二百英尺時便成爲平行的，並且由於視角因此便不復存在，所以這一材料只是在二百英尺的距離內才有效。

超出這個距離，知性便求助於**大氣透視法**，這種方法透過所有顏色的模糊程度的增長，透過天然藍色在所有暗色對象面前的出現（按照歌德完全正確和眞實的關於顏色的理論），以及各種輪廓的越來越難以辨認，去指示出更遠的距離。在義大利，那裡的大氣非常清澈，這一材料便失去了它的效力並往往使人受騙：例如，從弗拉斯卡蒂看去，提沃里就似乎是近在眼前。另一方面，所有的對象在霧中都顯得大一些，這是這一材料的一種反常的誇張；因爲我們的知性假定了他們離我們更遠一些。

最後，還可以借助我們直觀地得知的中介對象的大小，如大地、樹林、河流等去估算距離，這種估算方法只有當存在著一個不間斷的連續時才是適用的：或者說，這只能被應用於地球上的對象，而不能應用於天體對象。而且一般說來，我們對於它在水平方向上的運用，有著比在垂直方向的運用更多的實踐：一個在二百英尺高的塔上的球，顯得要比它在地上離我們二百英尺遠時要小得多；因爲在後一種情況下，我們對距離的估算要精確些。當我們用這種方式去觀察人時，位於他們與我們自己之間的物體大部分逃過了我們的視線，所以人總是顯得出奇的小。

我們的知性假定它從水平方向所知覺到的每一件東西比從垂直方向所看到的更遠一些，因而也就大一些的事實，必須部分地被歸因於這最後一種估算距離的方式，因爲它只在水平地運用並運用於地球上的對象時才是有效的；但同時也部分地歸因於我們估算距離時使用的爲相同條件支配的大氣透視法。這就是爲什麼月亮在地平線時要比在正空中要大得多，雖然它經過精確測量的視角，也就是它所投射在眼睛上的圖像——在一種情況下完全不比在另一種情況下大；並且這也說明了天空的拱頂何以呈現爲扁平：這就是說，說明了爲什麼天空平面上顯得比在垂面上擁有更大的面積。因此，這兩種現象都是理智的或者大腦的現象，而不是視覺的現象。如果有人提出反對說，甚至月亮在正空中的時候，有時呈現出朦朧的狀態卻並不完全顯得大一些，那麼我們的回答是，在這種情況下，它也並不呈現爲紅色的；它的朦朧狀態是由於較大的空氣濃度所引起，因此不同於來自大氣透視而產生的模糊。對此可以補充一點，我曾經說過：我們只能將這種估算距離的方式運用於水平的方向，而不能運用於垂直的方向；此外，在這種情況下，還有其他的干擾發生了作用。關於這一點，索緒爾（Saussure）敘述道，他有一次站在勃朗峰[26]上，看到一個如此巨大的月亮騰空而起，由於認不出這是什麼，竟恐懼得有些發暈。

另一方面，望遠鏡和放大鏡的特性，是取決於單獨根據視角而進行的一種分開的估算：這就是說，用距離去估算大小，用大小去估算距離；因爲在這裡估算距離的其他四種輔助手段都被排除了。其實望遠鏡是放大了對象，然而它似乎只是使這些對象更近了；因爲它們的大小是已經被我們經驗地得知了，我們在這裡用它們與我們之間距離的減少來說明其明顯的增大。例如，從望遠鏡中去觀看一所房子，它比用肉眼觀看似乎是近了十倍，而不是大了十倍。相反，

---

26 係阿爾卑斯山脈之巔。——中譯者注

放大鏡其實並沒有將對象放大，而只是使對象比其他可能的情況下離我們更近；這樣對象就只能顯得同它假如在沒有放大鏡的那個距離上是一樣大的。事實上，由於晶狀體和角膜的凸出不足，當對象離我們眼睛還不夠八至十英寸的距離時，我們便不能進行清晰的觀看；但是如果透過將晶狀體和角膜的凸狀物用一個放大鏡來代替使折射度增加，那麼即使對象離我們的眼睛只有半寸，我們也能得到一個它的清晰圖像。這樣看上去是緊靠著我們並且具有與這種緊靠相對應的體積的客體，就透過我們的知性而轉變爲我們自然地就能看清的那個距離，即距離我們眼睛大約八或者十英寸的距離，然後我們又根據這一距離和既定的視角去估算對象的大小。

這樣，我們已經完整地詳述了所有使觀看得以完成的各種不同的過程，以便清楚而無可辯駁地表明在這些過程中決定性的因素是**知性**。知性透過將每一個變化都設想爲結果，並把這結果歸之於它的**原因**，在空間和時間這些先驗的基本直覺的基礎上，製造出客觀世界的各種理智方面的現象，而從感覺那裡只是吸取了少量的材料。而且，知性造成這一點，又僅僅是憑藉著它本身特有的形式，即因果規律形式；因而是非常直接地和直觀地造成這一點的，而無須任何來自反思的幫助，——也就是說，無須借助任何運用概念和語言的抽象知識，概念和語言是**第二性**的知識的素材，也就是**思維**，因而是**理性**的素材。

這種憑藉知性而不依賴於理性幫助而獲得的知識，甚至也爲事實所表明。這就是在任何時候，當知性把一個既定的結果歸之於一個錯誤原因，實際上是已經覺察到的一個導致**幻覺**產生的錯誤原因時，我們的理性不論怎樣清楚地透過抽象而認出了事物的眞相，卻不能去幫助知性，並且知性也不理睬那更好一些的知識，繼續泰然自若地堅持這種幻覺。上面提到的由觸覺和視覺器官的異常狀態而導致的視覺和感覺的雙重化現象，就是這種幻覺的實例。同樣的實例還有，初升的月亮外形的增大；在一個凹面鏡的焦點上形成的圖像，恰如飄浮在空間中的一個固體像；被我們信以爲眞的彩色浮雕；當我們站在一個岸邊或者橋上，如果有一隻船經過或從下面穿過，這岸邊或者橋從表面上看的移動；由於沒有大氣透視法而顯得離我們很近的高山，這是純淨空氣環繞在山頂的結果。在這些情況和許多類似的情況下，我們的知性由於它所熟悉並且立刻便想像出來的東西而把通常的原因當成眞的，儘管我們的理性透過一條與此不同的途徑而到達了眞理；因爲知性的認識先於理性的認識，而理性的說教難以進入理智；所以**幻覺**——也就是知性的欺騙——便依然故我，儘管**謬誤**——即理性的欺騙——已被排除。——由知性而正確地得知的東西就是**實在**；由理性而正確地得知的東西便是**眞理**，或者說，是一個具有充足理由的判斷；我們使**幻覺**（這是錯誤地知覺到的東西）與**實在**相對立，謬誤（這是由錯誤的思維所致）與眞理相對立。

經驗和知覺的純形式部分——即空間、時間和因果規律——是先驗地包含在理智之中的；但是，這種形式部分地被運用於經驗材料時，情況就不同了，知性必須透過實踐和經驗來獲得這些經驗材料。因此一個初生的嬰兒，雖然無疑是接受了光線和顏色的印象，卻不能理解對象，或者嚴格地說，實際上是不能觀看對象。他出生後的最初幾個星期，確切地說經歷了一種恍惚的狀態，從那以後，當他的知性將自己的功能運用於由感覺所提供的材料時，特別是觸覺和視覺所提供的材料時，他才逐漸地有所省悟，從而逐漸地獲得了關於客觀世界的意識。這種新發生的意識可以透過觀察體現在他眼睛中的智慧增長和在他行動中意圖的程度而清楚地認識到，特別是透過第一次由於認出他們所關心的事物而顯露出的微笑。甚至可以看出他們有時是在用觀察和觸摸做實驗，以便透過不同的光線、不同的方向和不同的距離去完成對於對象的理解：這樣便進行著一種無聲的，然而卻是至關重要的學習過程，直到他們成功地精通了所有前面說過的理智的工作爲止。這種教育的事實，可以由那些天生失明，後來做了手術，從此便能夠對所獲得的印象做出解釋的人那裡進一步得到確證。柴斯爾頓（Cheselden）的盲人[27]不是一個孤立的事例，在一切相同的情況下，事實都證明，只要手術成功，那些在後來的生活中才獲得視覺的人，無疑看到了光線、輪廓、顏色，但是在他們的知性學會把它的因果規律運用於這些新的材料和變化以前，他們是不具有一個關於對象的客觀知覺的。當第一次看到他的房間和其中的各種對象時，柴斯爾頓盲人並沒有把一個事物同另一個事物區分開來；他簡單地接收了一個完整的整體的總印象，他把這當成了一個平滑而色彩斑斕的表面。他根本沒有想到去辨別許多在不同距離上一個位於另一個之後的分離著的對象。對這類盲人來說，他們只能從已經認識了的對象的觸覺而引導到視覺。開始的時候，病人對任何距離都不能鑑別並試圖抓住每

27 見《哲學學報》，第三十五卷，關於這件事的原始報告。

一件東西。有一位病人在當他第一次從外面看到自己的房子時，他不能想像出這麼小的一個東西竟能容納這樣多的房間。另一位病人在手術的幾個星期後非常高興地發現，他房間牆上掛著的版畫，代表著各種各樣的對象。一八一七年十月二十九日的《晨報》上記載了一位青年，他是天生的盲人並在十七歲時獲得視力。他不得不去學習理智的知覺，因為在第一次觀看時他甚至不能辨認出以前已經由觸覺而認識了的對象。每一個對象都必須經觸覺而被引到視覺。至於他所見到的對象的距離，他不能對此做出任何鑑別，並且試圖不加區別地抓住每一件東西，不管是遠還是近。——佛朗茲（Franz）本人對此做了如下的表述：[28]

「一個關於距離、形狀和體積的確定的觀念，是借助於視覺和觸覺，並且借助於對在這兩種感覺上造成的印象的反省而獲得的，但是為了這一目的，我們就必須考慮到個體的肌肉運動和有意的活動。——卡斯帕．豪賽爾（Caspar Hauser）在詳述自己在這一方面的親身經驗時寫道，他第一次從監禁中被釋放出來時，每當他透過窗戶觀看外面的對象，如街道、花園等，看上去似乎在離他眼睛很近的地方有一塊擋板，上面胡亂地塗著各種顏色，他不能從中辨認出或者區分任何單個的東西。他進一步說道，直到過了一段時間後，他到室外散步時才使自己確

28 佛朗茲：《眼睛，論對這個器官的保護及視力的改善》，倫敦，邱吉爾出版社，一八三九年，第三十四—三十六頁。

信，原來他第一次見到的那塊似乎是塗著各種顏色的擋板，以及許多其他的物體，實際上是一些很不相同的東西；那塊擋板終於消失了，他才按恰當的比例看到並辨認出了各種事物。那些在後來的生活中透過手術而獲得視覺的天生盲人，有時會以爲所有的對象都觸到了他們的眼睛，並且與他們離得這樣近以至於恐怕絆在上面；有時會向月亮跳去，以爲能夠拿住它；在另一些時候會跟在天空中的遊雲後面跑，以便抓住它，或者做出其他諸如此類的誇張舉動。既然觀念是透過感覺的反省才能獲得，那麼爲了使一個對象的精確觀念得以由視覺形成，心靈的各種能力在使用的時候就更必須是不受損害和不受干擾的。哈斯拉姆（Haslam）所敘述的一個男孩爲這一點提供了一個例證。[29] 這個男孩視力並不差，但智力卻很不發達，並且在他七歲時還不能估算出對象的距離，尤其是高度；他屢次把手伸向天花板上的釘子，或者伸向月亮，要去抓住它。因此，正是判斷修正並澄清了這種關於可見對象的觀念或知覺。」

關於我所表明的知覺的理智特性，弗羅倫斯（Flourens）從生理學的角度做了如下說明：[30]

「應當看到，感覺功能與智力是有很大差別的。結核結節的切除會使人的觸覺和視覺的功能喪失；視網膜會由此失去感覺的能力，瞳孔會變得一動不動。而腦葉的切除則並不妨害人們

---

29 哈斯拉姆：《對狂熱症和憂鬱症的觀察》，第二版，第一九二頁。

30 弗羅倫斯：《生活和智力》，第二版，巴黎，加尼爾兄弟出版社，一八五八年，第四十九頁。

仍然具有感覺功能，並且瞳孔仍然可以轉動；這只是使人喪失了知覺的能力。上述事實，一方面是屬於感覺的一個現象，而另一方面則又是一種思維的現象；在一個場合它是感覺功能的喪失，而在另一個場合則是知覺功能的喪失。將感覺和知覺區分開來，直到今天仍可以說是一項重大的成果，而這一點透過眼睛而得到證明。使大腦喪失視力的方法有兩種，第一種是切除結核結節，這使人喪失了感覺功能和感覺；第二種是切除腦葉，這使人喪失了知覺功能和智力。因此，分辨力並不是智力，思維也不能和感覺相提並論；這就和以前那種哲學正好相反。意識不是感覺再次證明了這種哲學存在著一個致命的弱點。」在第七十七頁「感覺能力和知覺能力之區別」的標題下又說：「但是我的一個實驗卻把感覺和知覺明顯地區分開了。當切除一個動物的大腦後，這個動物的視力便隨之喪失。但是就眼睛本身來說，卻並無任何改變發生：客體仍舊能夠在視網膜上辨認出來。瞳孔仍舊很清晰，視神經仍舊有感覺，甚至可以說是準確無誤的感覺；然而，這個動物卻什麼也看不見了。牠不再具有視力，儘管牠的眼睛仍有感覺存在；而牠所以會喪失視力就在於牠不具有知覺的能力了。覺察了某件東西，但不等於就感覺到了它，這就是理智首要的要素。知覺是智力的一部分，因爲它隨著智力的喪失而喪失，即隨著大腦半球或腦葉等智力器官的切除而喪失。而感覺絲毫不屬於智力的範疇，因爲它在智力和腦葉以及大腦半球體喪失後仍然可以繼續存在。」

下面有一段古代哲學家伊庇查謨斯（Epicharmus）著名的詩體文，證明了古人大體上認識到了知覺的理智特性：「是心靈在看和聽，而其他一切又聾又瞎。」普魯塔克引證了這段話，並補充道：「除非有理智相伴隨，否則我們的眼睛和耳朵的影響是不能生出任何知覺的。」在這之前不遠處，他寫道：「物理學家斯特拉頓（Straton）的學說證明，沒有理智就根本不可能有知覺。」在這之後不遠的地方他又寫道：「如果我們只是借助理智才能知覺的話，那麼知覺的本質必定是具有理智的。」伊庇查謨斯的第二段詩體文或許與此有聯繫，這曾被第歐根尼·拉爾修（Diogenes Laertius）所引用（iii，十六）：「聰明這個詞不僅僅適合於我們，因爲一切生物都具有理智。」同樣，波菲利（Porphyrius）也致力於詳細說明一切動物都是有理智的。[31]

於是，從知覺的理智特性必然可以推出，一切動物，甚至直到最低等的動物，都必定具有知性，——就是說，具有因果規律的知識，儘管是在精細和明確的不同程度上具有這種知識的。牠們具有的知性至少必須滿足牠們的感覺所引起的知覺的需要：因爲離開了知性，感覺就不僅是無用的，而且也是大自然的一種痛苦的恩賜。稍有理智的人都不會懷疑知性在高等動物中的存在。然而，有時成爲一種無可辯駁的明顯事實的是，牠們關於因果關係的知識實際上是先驗的，並且不是產生於觀看一個事件跟隨著另一個事件的習慣，例如，一隻出生不久的小狗不會從桌子上跳開，因爲牠預見到了將會發生的後果。不久前我有一些大窗簾掛在我臥室的窗

---

31 波菲利：《論節制》，iii，二十一。

戶上，這些窗簾拖到了地上，並且被一根繩子從中間拉向兩邊。在這些窗簾被打開的頭一天早上，我驚異地看到我的狗，一隻非常聰明的捲毛狗，十分困惑地站著，上下左右地打量著，要去找出這一現象的原因：就是說，牠在探求牠先驗地得知必然要發生的變化。第二天又是如此。但是甚至最低等的動物也具有知覺，——因而具有知性——直到章魚都是如此，章魚沒有明顯的感覺器官，而牠在水下植物上，從一片葉子爬到另一片葉子，同時用觸角緊緊纏住它，以尋求更多的光線。

的確，除了程度的不同，在這種最低等的知性與人的知性之間是沒有什麼區別的，然而我們根據人的理性做出了明顯的區分。各種各樣的動物系列占據了中間的等級，其中最高的等級，如猴子、大象、狗，經常以牠們的聰明而使我們驚奇。但是在每一場合，知性的任務都不外是直接地去把握因果聯繫：首先，如我們已經看到的，是把握我們自己身體和另一些物體之間的因果聯繫，理解客觀的知覺來自何處；然後，去把握在這些被客觀地知覺到的物體本身之中的因果聯繫，並且在這裡，正如本書第二十節已經表明的，因果聯繫透過三種形式把自己展示出來——作爲原因、刺激和動機。世界上的一切運動都是依照這三種因果關係形式而產生，並唯有透過它們的運動才能爲理智所理解。這樣，如果在這**三種**形式中，最嚴格意義上的**原因**成爲知性的研究對象，那麼就產生了天文學、機械力學、物理學、化學，以及爲行善和作惡而發明各種機器；但是在一切場合，對因果聯繫的直接和直覺的把握，最終將是所有這些發現的根本原因。因爲知性的唯一形式和功能就是這種把握，並且絕不是康德十二範疇的複雜設計，這種設計的無用性我已經證明過了。（一切理解都是對因果聯繫的直接的，因而是直覺的把握；雖然它必須立即被歸結爲一個抽象的概念以便被確定下來。因此，計算並不是知性的活動，並且就其本身來說運算不表達對事物的任何理解。計算只是處理關於量的抽象概念，確定量之間的相互聯繫。透過計算，我們從未獲得對於物理過程的絲毫理解，因爲這一過程需要對空間關係直覺的理解，原因透過這種關係而導致了結果。計算僅僅具有實踐的價值，而不是具有理論的價值。甚至可以說**計算從哪裡開始，理解便在哪裡結束**；因爲只要一進行計算，占據在大腦中的數字，便完全同存在於物理過程中的因果聯繫分離了，大腦便沉湎於純粹抽象的數字概念之中。然而其結果只是告訴了我們**有多少**，卻從未告訴我們**是什麼**。「實驗和計算」這些法國物理學家的格言，因此〔對於澈底的眞知灼見來說〕是不夠的。）——另外，如果**刺激**是知性的指南，那麼就會產生植物和動物的生理學、治療學以及毒理學。最後，如果知性使自己獻身於**動機**的研究，那麼一方面，它就將運用這些動機從理論上去指導它產生關於道德、法律、歷史、政治，甚至戲劇和史詩的著作；另一方面，在實踐上，當知性一旦成功地發現應該拽動哪一根特定的線以便照自己的意願去擺弄每一個木偶時，就會用這些動機單純地訓練動物，或者從較高級的目的出發使人按照它的音樂跳舞。理智是否精確地利用了引力，並透過適時的干預而讓它服從於理智的目的，或者是否爲自己的目的而利用了人們共同的或個別的偏好，就產生這種結果的功能來說，完全是非物質性的。知性在被運用於實踐時，我們把它稱爲**機巧**；而當它被用來去哄騙別人上當時，或者也可以稱之爲**狡猾**；當它的目標十分卑鄙時，它就被稱爲**狡詐**；而如果摻有傷害他人的企圖時，則叫作**陰險**；而當它被運用於純粹的理論時，我們直截了當地稱它爲**知性**，較爲高級的叫作**敏銳**、**聰明**、**機智**，而較低級的則稱之爲**遲鈍**、**愚蠢**、**糊塗**等等。這些在程度上有著巨大差別的機智是天生的，並且不能透過學習而獲得；儘管正如我已經表明的，即使在運用知性的最初階段，即在經驗知覺的階段，需要有知性得以運用的物質的實踐和知識。每一個傻子都有理性——把前提給他，他就會做出結論；然而**原始**的，因而是直覺的知識，都是由知性提供的：差別就在這裡。所以，每一個偉大的發現，每一個具有普遍劃時代重要意義的設想，其精髓之處都是一個愉快的瞬間的產物，在這裡，透過外部與內部狀態的一種令人欣喜的巧合，一些複雜的因果序列，一些人們熟睹了千百年的現象背後的原因，或者一些幽深而曲折的小路，突然在理智面前豁然開朗。

在前面關於視覺和觸覺的過程的說明中，我已經無可辯駁地表明，經驗知覺本質上是**知性**的工作，而感官只是以感覺爲知性提供素材，——並且總的來說是一種貧乏的素材；所以，知性實際上是藝術家，而感官則不過是向他遞交素材的下級工作人員。但是這一過程又完全在於從既定的結果去追溯它們的原因，這些原因透過這種過程將自己作爲對象在空間中呈現出來。我們這一過程預先假定了因果關係這一事實，又恰恰證明了因果規律必定是由知性本身所提供的，因爲這一規律是絕不會從外部進入理智的。的確，這是經驗知覺的首要條件；然而又是一切外部經驗把自己呈現給我們的形式；那麼，這個因果規律是怎麼能夠從經驗得到，它本身又是什麼時候在本質上被經驗所預先假定的呢？——恰恰是因爲這是絕對不可能的，並且因爲洛克（Locke）的哲學取消了所有的先驗性質，休謨才否定了因果觀念的全部眞實性。此外，在他的《人類理智研究》的第七節中，他曾經指出了兩個錯誤的假說，這兩個假說近來又被人提到：一個是關於意志的結果以我們身體的器官爲基礎的假說；另一個假說是外部對象對我們的強力的抵抗，是因果關係觀念的起因和原型。休謨按照自己的方式和自己的觀念體系，反駁了這兩個假說，而我的反駁則如下：意志的行動和身體的活動之間，不存在任何因果聯繫。相反，這兩者完全是同一回事情，只不過是從兩個方面而覺察到了，——這就是說，一方面，作爲意志的活動而被我們的自我意識，或者說我們內部的感覺所覺察；另一方面，作爲身體的行動，同時又被外部的、特殊的大腦知覺所覺察。[32]第二個假說之所以錯誤，首先是因爲正如我已經詳細說明的，單純的觸覺並不會提供任何客觀的知覺，更談不上因果關係的概念，這個概念是絕不會產生於肌肉努力受阻的感覺的，而且這種阻力經常沒有任何外部原因就產生了；第二，因爲我對外部對象的反抗必然有一個動機，而這已經預先假定了對於對象的把握，這就再次預先假定了因果關係的認識。——然而正如我已經做過的，要想從根本上說明因果關係概念不依賴於任何經驗，只有證明經驗的全部可能性都是以因果關係概念爲條件的。我打算在第

32 參見《作為意志和表象的世界》，德文版第二卷，第四十一頁。（《作為意志和表象的世界》的第三版此處有一個增補，這是在第一版，第二卷，第三十八頁上所沒有的。——第三版編者注）

二十三節表明康德按照類似的含義而提出的證明是錯誤的。

這也是注意這樣一個事實的合適立場，這個事實就是康德或者沒有在經驗知覺中明確地看到因果規律的中間環節，——我們在一切經驗之前就知道這個規律了——或者他有意回避指出這一點，因爲這不適合他的目的。例如在《純粹理性批判》中，因果關係與知覺之間的聯繫並不是在「要素說」中，而是在「純粹理性的謬誤」一章中才被論述，人們很難想到會在這裡找到它的；而且，它還出現在他的「超驗心理學第四個謬誤的批判」中，並且只是在第一版中出現。[33]我們要從合適的立場予以注意的這一事實，表明了在涉及這種聯繫時，康德總是單純地考慮從現象到自在之物的轉變，卻沒有看到知覺本身的起源。因而他說，眞實的外部對象的存在，不是在知覺之中直接地被提供的，但可以透過思維加給它並因而是可以推演出來的。然而在康德看來，誰這樣做誰就是一個超驗的實在論者，因而誤入了歧途。因爲在這裡，康德用他的「外部對象」來表示自在之物。相反，超驗的唯心主義者停留於對某種在經驗上是眞實的事物的錯覺，——也就是說，某種存在於我們之外空間的事物的知覺，——而不需要因果推論來賦予它實在性。因爲按照康德的說法，**知覺**的完成是完全直接的，無須借助於因果聯繫，因而也就無須借助於知性：他簡單地將知覺與感覺等同了。我們發現，他有一段開始是這樣說

33 康德：《純粹理性批判》，德文第一版，第三六七頁以下。

的話證實了這一點：[34]「對於外部對象的實在性，我不怎麼需要依靠推論」，等等，並且在另一段話的開頭說道：「這樣我們可以完全承認」，等等。[35]從這些話可以看出，顯然在康德那裡，關於外部事物在空間中的知覺，是先於因果規律的任何應用的，因此因果規律並不是作爲要素和條件而屬於知覺：在他看來，單純的感覺與知覺是一回事情。只是直到當我們問到，在**超驗的**意義上，有什麼可能存在於**我們之外**時，也就是說當我們尋找自在之物時，因果關係才由於同知覺相關而被提到。而且，康德承認僅僅在「反思」中，也就是說，在借助於概念的抽象的、清晰的認識中因果關係的存在，甚至是因果關係純粹可能性的存在，因此他毫不懷疑，因果關係的運用**是先於一切反思的**，然而顯而易見的事實是，特別在經驗的、感官的知覺中是顯而易見的事實是，正如我以前的分析所無可辯駁地證明的，這種知覺是不會以其他方式產生的。因此，康德只得避而不去說明經驗知覺的起源。在他那裡，知覺可以說是以一種不可思議的方式而僅僅是感官方面的事：也就是說，知覺恰好與感覺重合。我非常希望有思想的讀者查一查我所指出的康德著作中的一些段落，以便使自己從整個的過程和聯繫上，相信我的觀點所具有的更大的精確性。康德這一極端錯誤的觀點在迄今的哲學文獻中依然根基牢固，很簡單，這

34 康德：《純粹理性批判》，德文第一版，第三七七頁。

35 同上書，第三七二頁。

是因爲沒有人敢於向他發起進攻；因此爲了闡明我們認識的機制，我在這裡就必須走這條道路。

康德的唯心主義基本立場並沒有失去任何東西，而且它甚至還由於受到我的立場的矯正而有所獲。在我看來，因果規律的必然性在作爲其產物的經驗知覺中被消融和消失了，因而在關於自在之物的完全超驗的問題上是不能實行的。就我上述有關經驗知覺的理論來說，我們發現，知覺的最初材料，感覺，是完全主觀的，是器官內部的一個過程，因爲它發生在表皮的下面。洛克完全澈底地證明了，我們感官的感覺，即使承認它是由外部的原因而激起的，也不與這些原因具有任何相同的屬性。例如，食糖，不具有任何與甜味相同的屬性，玫瑰花也不具有紅的性質，但是它們畢竟還需要有外部原因，而且以存在於我們之中，在我們大腦中的可證明的規律爲基礎；因此這種必然性就同感覺本身一樣也是主觀的。而且，甚至**時間**——這是每一可能的**變化**的基本條件，因而也是首先使因果規律的應用得到准許的變化的條件，——同樣還有**空間**——唯獨它使得原因的外在化成爲可能，原因根據空間把自己作爲對象而呈現給我們——我們說，甚至時間和空間，正如康德所最終證明的，也是我們理智的主觀形式。因此我們發現，經驗知覺的一切要素都存在於我們內部，並且其中所包含的任何東西，都不能向我們提供任何關於一個與我們完全不同的自在之物的可靠指示。——但也不是全都如此。我們在**物質**概念下所想到的，是物體在被抽去了它們的形狀和一切特性後所剩的殘餘：一個恰恰是由於這個原因而必定在一切物體中都是相同的殘餘。於是這些被我們抽象出來的形態和屬性，不過就是這些物體在其中**發生作用**的特殊的、專門規定了的**方式**。因此如果我們不去考慮這些形狀和屬性，剩下來的就只是**單純的一般意義上的作用性**，被客觀地想像出來的純粹作用本身、因果關係本身——也就是我們自身知性固有的反思，知性固有功能的外在化的圖像；而物質也就是完全純粹的因果關係，物質的本身也就是一般意義上的作用。[36] 這就是爲什麼純粹的物質不能被知覺，而只能被思想的原因：在思想它的時候，物質是被我們作爲基礎而附加到每一個實在上面的東西。由於純粹的因果關係，單純的作用，不具有任何規定了方式的作用，不能成爲可知覺的東西，因此也就不能進入任何經驗內部，——這樣，物質就僅僅是與純粹知性互相關聯的客觀的東西；因爲它只是一般的因果關係，而不是別的：正如知性本身是關於原因和結果的直接認識，而不是別的一樣。於是，這恰恰又成爲因果規律爲什麼不能運用於物質本身的原因：這就是說，物質既沒有開端也沒有終結，是不生不滅的。一方面，由於因果關係是物質偶性（形式和性質）變換的必要條件，即一切存在的產生和消逝的必要的條件；然而另一方面又由於物質客觀地被看作是純粹的因果關係本身：因此因果規律不能把自己的力量施於自己身上，就像眼睛可以看到一切，但卻看不到眼睛本身一樣。而且，由於「實體」和物質是同一的，我們把**實體**稱爲從抽象的角度來看的作用：而把偶性稱爲作用的特殊方式，從具體的角度

36 見《作為意志和表象的世界》，德文第二版，第一卷，第四部分，第九頁；第二卷，第四十八—四十九頁。（第三版，第一卷，第十頁；第二卷，第五十二頁。）

來看的作用。這就是眞正的即超驗的唯心主義所導致的結果。在我的主要著作中，我曾表明自在之物——即一般說來任何獨立於我們表象而存在的東西——是不能透過表象而把握的，然而要達到它，就必須去遵循一條完全不同的途徑，這條途徑通向事物的內部，使我們可以說是透過反叛而進入了城堡。——

但是，我剛才提出的這樣一種誠實、深刻而澈底的關於經驗知覺的分析，這種證明了知覺的一切要素都是主觀要素的分析，如果被試圖與費希特（Fichte）的「自我」與「非我」的代數公式加以比較，被試圖與他的詭辯論的僞證明相比較，這種證明爲了欺騙讀者不得不隱藏在他採用的那種晦澀的，不用說是荒謬的語言之中，被試圖與他那種從「自我」本身編織出「非我」的解釋方法相比較；一句話，如果試圖把我的分析與他的空洞的知識打諢[37]相比較，更不用說把這二者等同起來，就只會是一種徹頭徹尾的詭辯。而且，我完全反對說我與這個費希特有任何共同性，就像康德曾在《耶拿文學報》的一個特別聲明[38]所公開和強調的。黑格爾學派以及一些同樣的蠢材可能繼續心滿意足地滔滔講授康德—費希特哲學；這裡有一個康德的哲學

---

37 “Wissenschaftsleere”（空洞的知識），這是叔本華就費希特的“Wissenschaftslehre”（知識學）而用的雙關語。——英譯者

38 康德：《關於費希特知識學的聲明》，見《耶拿文學報》，一七九九年，一〇九號，「知識版」。

和一個費希特的戲法，——這就是事情的眞相，並且儘管有些人樂於褒揚醜惡而貶損美好，儘管這樣的德國人的數量比任何其他國家都多，但事實仍將是事實。

§ 22 關於直接的對象

這樣，正是我們身體的感覺爲因果規律的第一次運用給出了材料，並且正是透過這種運用才產生了對象這一層次的知覺。因此，僅僅是借助於發揮了這種作用的理智功能，並且借助於這種功能的活動，對象才具有了自己的本質和存在。

這樣，就身體器官是我們關於一切其他對象的知覺的起點，也就是中間環節來說，在本書的第一版中，我把它稱爲**直接的對象**；然而，這不能按嚴格的字面上意義而使用。因爲雖然我們身體的感覺都是直接地被把握的，但這種直接的把握並沒有使我們的身體本身成爲一個我們可知覺的對象；相反，到此爲止，一切依然是主觀的，也就是說，依然是感覺。的確，從這種感覺產生了對作爲這種感覺的原因的所有其他對象的知覺，並且這些原因也作爲對象把自身呈現給我們；但是對於身體本身來說則不是這樣，身體本身僅僅爲意識提供了感覺。甚至我們對這個身體的客觀的認識，也就是說，這個身體作爲一個對象，像其他一切對象一樣，透過把自身作爲我們知性或者大腦（這是同一個東西）中的主觀的已知結果的被認識了的原因而呈現出來，——正因爲如此，對這個原因的認識才是**客觀**的，——我們對身體的這種客觀的認識，也僅僅是**間接的**。這樣，只有當身體的部位對自身的感官發生作用時，這種認識才會產生：例如，當身體被眼睛看到，或被手摸到等之時，大腦（或者說知性）便立刻根據這些材料構造出它在空間的形狀和屬性。我們意識中屬於這一層次的表象的直接呈現，因此取決於這些表象在因果鏈條（一切事物都由此而**連接**起來）相對於主體（一切事物都透過主體而被**認識**）的身體（暫時）的指定位置。

§ 23　對康德有關因果性觀念的先驗性證明的反駁

《純粹理性批判》的一個主要目的，是要表明對於一切經驗來說的因果規律的普遍有效性，它的先驗性質，以及作爲必然結果的對於可能經驗的限制。然而，我卻不能贊同在那裡提出的關於此規律的先驗性的證明，這種證明大體上是這樣的：——「爲一切經驗知識所必需的透過想像而形成的多樣性的**綜合**，提供了一個連續，然而卻是不確定的連續：這就是說，它不僅在我們的想像中，而且也在對象本身中都沒有從兩個被知覺狀態中確定出哪一個是第一個狀態。但在這個連續中的確定的次序，——只是由於這種次序我們所知覺的東西才變為經驗，或者換言之，我們有權做出各種客觀有效的判斷，——首先是由關於原因和結果的純理智的概念所提供給它的。這樣，因果關係的原則便成為使經驗成為可能的條件，並從而是先驗地給予我們的。」[39]

按照這種觀點，眞實對象中各種變化彼此相繼的次序，只是由於這些變化的因果聯繫才被我們客觀地認識。這一主張康德在《純粹理性批判》中特別是在他的「經驗的第二個類推」[40]中，以及在他的「第三個類推」的結論中，曾反覆多次地加以說明，我要求每一個希望理解我現在所要說的東西的人，去**讀一讀**這些段落。在這些段落中，他處處斷言說，表象的連續性的客觀性，——他把這種表象的連續性規定為是與眞實對象的連續性相一致的——只有透過使它們彼此相隨的規則才能被認識；就是說，只有透過因果規律才能被認識：因而我對彼此相隨的現象之間客觀聯繫的單純的把握就成為十分不確定的：因為我只是把握了我自己表象中的連續，但是我所把握的連續卻並沒有使我有權對對象中的連續做出任何判斷，除非這個判斷

39 康德：《純粹理性批判》，德文第一版，第二〇一頁；第五版，第二四六頁，但是，據英譯者注，這段話不是逐字逐句的引文。

40 同上書，第一版，第一八九頁；第五版，第二三二頁更為充分。

是以因果關係爲基礎的；而且，既然我可以將我所把握的知覺的彼此相繼的次序加以顚倒，那麼也就不存在任何客觀地去確定這些知覺的東西。爲了說明這一主張，康德舉了一個關於房子的例子，我們可以按照任何我們喜歡的次序去考察這所房子的各個部分，從上到下，或者從下到上；在這種情況下，連續的確定就純粹是主觀的並且不是建立在一個對象之上，因爲這全憑我們的興趣。與這個例子相反，他舉了一個對一隻順流而下的船的知覺的例子；我們連續看到這條船在河面上越來越低，而對於這條船的位置連續變化的知覺，卻不能因觀看者而改變。因此在後一種情況下，他從在現象中的對象的前後相繼而獲得了他自己理解中的主觀的前後相繼，並且由於這個原因而把它稱爲一個**事件**。相反，我主張，**在這兩種場合之間根本不存在任何差別**，我認爲**這兩者都是事件**，並且我們對這兩種場合中的認識都是客觀的：這就是說，都是本身被主體所認識到了的眞實對象中的變化的認識。**這兩種場合都是兩個物體中相對位置的變化**。在前一個場合，這兩個物體中的一個是觀察者自身器官的一個部位，即眼睛，另一個則是房子，眼睛按照這個房子的各個不同部分而連續改變了自己的位置；在第二種場合，則是船沿著河流的方向而改變了自己的位置；因而變化是在兩個物體之間發生的。這兩者都是事件，區別僅在於，在第一種場合，變化發生的起點是在觀察者自己的身體之中，他的全部知覺無疑都起源於這一起點的感覺，然而這個起點又是對象中的一員，並且因而服從於客觀的、物質世界的規律。對於觀看者來說，作爲一個純粹的進行認識的個體，他身體的任何運動都不過是被經驗地知覺到的事實。如果對於觀察者來說，使這條船逆流而上地移動就像改變他自己眼睛的方向一樣容易，那麼在第二種場合將變化的連續次序加以顚倒，就將同第一種場合一樣是可能的。康德推斷說，關於房子各個不同部分的連續知覺，既不是客觀的，也不是事件，因爲它取決於觀察者自己的意志。但是，他的眼睛從房頂到地基的方向運動是一個事件，並且從地基到房頂的方向的運動是另一個事件，這恰恰與船的航行相同。這裡不存在任何差別，至於它們是事件也罷，不是事件也罷，在我經過一隊士兵和一隊士兵經過我之間，也沒有差別存在。如果我們站在岸邊上用眼睛緊盯住一隻緊貼著這岸邊航行的船，便立刻會覺得好像是船一直站在原處而岸邊卻移動了。這樣，在這個事例中，我們實際上在位置的相對變化的原因上犯了錯誤，因爲我們把它歸到了一個錯誤的原因上；然而，我們身體對於這隻船的相對位置變化的眞實連續，卻被我們十分正確和客觀地認識到了。甚至康德本人也會相信這裡不存在任何差別，假如他注意到他自己的身體乃是對象當中的一員，並且注意到他的經驗知覺中的連續取決於由他的身體從另外一些對象那裡獲得印象的連續，因而也就是客觀的連續。也就是說，這是一種直接地在對象中（而不是間接地）產生，並且不依賴於主體意志的連續，因而是可以不借助於任何對他身體不斷發生作用的對象之間的因果聯繫而被正確地認識的連續。

康德說，時間是不能被知覺的；因此表象的連續不能作爲客觀的連續而被經驗地知覺：也就是說不能作爲現象中的變化而從純粹主觀表象的變化中區分出來。因果規律作爲使各種狀態彼此前後相隨的規則，只是一種使變化的客觀性能夠被認識的手段。這樣，他這種主張的結果就將是，除了原因和結果的連續，在時間中不存在任何可以被我們客觀地知覺到的連續，而其他每一種我們所知覺到的現象的連續，只能是這樣地而不是按照其他方式被我們的意志所決定。爲了反駁這一切，我必須提出這樣一個事實，即對於現象來說，一個**跟著另一個而無須一個來自另一個**，是完全可能的。因果規律也決不會因此而遭到損害；因爲因果規律依然斷定每一個變化都是另一個變化的結果，這一點是先驗地被確立的；只是每一個變化不僅跟隨著另一個作爲其原因的單個變化，而且也跟隨著與這個原因同時發生的一切其他變化，並且這原因與其他的變化不具有任何因果聯繫。我恰恰不是在一個因果接續的有規則的次序中知覺到這一點，而是在一個完全不同的，然而由於前面提到的原因是同樣客觀的次序中知覺到這一點的，並且這種次序與任何依賴於我的任性的主觀連續，如我想像中的圖畫，有著天壤之別。在時間中的彼此之間不具有因果聯繫的事件的連續，恰恰就是我們稱之爲**偶然性**的東西。41 正當我離開自己的房子時，忽然有一塊瓦從房頂上掉下來打中了我；這樣，在我的走出和瓦的落下之間，絕無因果聯繫可言，然而它們的連續次序——即我的走出先於瓦的落下——卻是在我的理解中被客觀地確定的，而不是被我的意志所主觀地確定的，否則，如果由我的意志來確定，這個次序就很可能要顛倒。一個音樂作品中的各個音調彼此相隨的次序，同樣也是客觀地

41 德語中的 Zufall，是來自 Zusammenfallen（同時落下）、Zusammentreffen（碰到一起），或者無聯繫巧合，正如 τό συμβεβηκος von συμβαινειν（偶然出現）（參看亞里斯多德《前分析篇》，I，四）。

被聽眾，而不是主觀地被我所確定的；但是有誰曾想到提出音樂曲調是按照原因和結果的規律而彼此前後相隨呢？就連白天和黑夜的連續毫無疑義也是作爲一個客觀的東西而被我們認識的，但我們同樣肯定地沒有把白天和黑夜看成是互爲因果的；至於它們的共同原因，在哥白尼（Copernicus）出現以前，整個世界還都陷於謬誤之中，然而對於它們的連續的正確認識，卻絲毫沒有被這種謬誤所擾亂。順便指出，透過這一點，休謨的假說也找到了對自身的反駁；因爲白天和黑夜的彼此相隨，——這是一切連續中最古老的並且是最不可能有例外的一個——卻從未使任何人陷入把它們當作彼此互爲因果的錯誤。

康德還主張，一個表象只有當我們認識到它同其他表象之間的遵循於規則（因果規律）的必然聯繫，並且認識到它在我們表象的時間聯繫的確定次序中的位置時，才表現爲實在，推斷實在的意思是說它有別於單純的精神想像。但是，我們能夠知道的其位置已在原因和結果的鏈條中爲因果規律所指定的表象，又是何等的少啊！然而我們卻能並不費力地將客觀的表象與主觀的表象區分開來：將眞實的對象與想像的對象區分開來。當睡覺的時候，我們便不能做出這種區分，因爲我們的大腦這時已經與周圍的神經系統相隔離，因而也就與外部的影響相隔離。因此，在我們的睡夢中，我們把想像的東西當成了眞實的，並且只有當我們醒來的時候，也就是說，當我們的神經的感受力，並且外部世界透過這種感受力再一次進入我們的意識時，我們才發覺我們錯了；然而，即使在夢中，只要夢是在持續著，因果規律也是有效的，只是通常的素材常常爲某種不可能的素材所取代。從我們下面引證的一段話看，儘管在一切其他方面，康德的哲學與萊布尼茲的哲學有著巨大的差別，但我們幾乎可以認爲康德是受了萊布尼茲的影響，例如他說：「可以感覺的事實的眞理只存在於各種現象的聯繫中，並且有著其所以存在的原因，這樣就把這種現象與夢幻區別開來了。……從客體的含義來說，眞正的標準就是現象之間的聯繫，它決定事實的眞理，即存在於我們之外並可以被感覺的事物的眞理。」42

顯然，在用變化的客觀連續只能透過因果規律而被我們認識的事實，並就因果規律是一切經驗的條件去證明因果規律的先驗性和必然性的時候，康德犯了一個非常奇特的錯誤，並且的確又是一個如此明顯的錯誤，使我們對此的解釋，只能是假定他是如此深深地沉溺於我們認識的先驗部分，以致忽略了對其他任何人來說都是顯而易見的東西。關於因果律的先驗性質的唯一正確的證明，是我曾經在本書第二十一節中提出的。這種先驗性質任何時候都能從我們據以預期經驗與因果規律相符合的絕對可靠性中找到確證：也就是說，這種絕對的可靠性是被我們歸於因果規律的一種必然的確定性，這種確定性不同於任何其他以歸納爲基礎的確定性——例如，被經驗地認識的有關自然規律的確定性，——根據這種確定性我們可以設想，全部的經驗世界中，無論在哪裡都不存在因果規律的例外。例如，我們可以**設想**在例外的場合，引力規律也許會停止發生作用，但是不能設想這種事情的發生沒有原因。

42 萊布尼茲：《人類理智新論》，第四卷，第二章，第十四節。

康德和休謨在他們各自的證明中，犯了彼此相反的錯誤。休謨主張一切**後果**都不過是單純的**順序**，而康德則認定一切**順序**都必定是**後果**。的確，純粹的知性只能設想出**後果**（有原因的**結果**），並且不能想像出單純的順序，就像不能想像左與右之間的區別一樣，左與右的區別和單純的順序都同樣是只能爲純粹的感性所把握的。關於事件在時間中前後相繼的經驗知識，確實就像事件在空間中並存的知識一樣是可能的（康德在別處否認了這一點），但是，事物在時間中一個跟隨另一個的一般方式，卻可以被解釋爲不過也就是一個事物來自另一個事物（作爲原因的結果）的方式：前一種知識是由純粹的感性所提供並以這種感性爲條件；而後一種知識是由純粹的知性所提供並以這種知性爲條件。但是在斷言現象的客觀連續的知識只能透過因果規律而獲得時，康德犯了一個同樣的並被他用來責備萊布尼茲的錯誤：這就是「把感性的形式理智化」的錯誤。[43]而我的關於連續的觀點則是這樣的：我們從時間的形式中獲得了關於連續僅僅是**可能性**的知識，這種知識屬於純粹感性的範疇。恰恰以時間爲形式的眞實對象的連續，是被我們經驗地，因而是作爲**現實**的連續來加以認識的。但只是由於透過知性，借助因果規律，我們才得到了兩個狀態連續的**必然性**的知識：也就是說，得到了關於變化的知識；並且就連我們完全能夠想像出一個連續的必然性的事實，也已經證明了因果規律不是爲我們經驗地認

43 康德：《純粹理性批判》，德文第一版，第二七五頁；第五版，第三十三頁。

識的，而是先驗地賦予我們的。充足理由律是對於我們的一切對象，也就是表象之間的必然聯繫的基本形式的一般表述，它位於我們認識能力的最深處：它是一切表象的共同形式，並且是必然性觀念的唯一源泉，在它的理由被確立後，它除了包含關於後果的相繼的觀念外，不包含有其他任何東西，並且也沒有比這個觀念更重要的了。充足理由律，所以決定了我們現在正探討著的以因果規律爲特徵的表象層次在時間中的連續次序，理由是，時間是這些表象的形式，因而也就是在這裡出現的作爲連續規則的必然聯繫形式。在充足理由律原則的其他形式中，它始終要求的必然聯繫，將採取與時間形式完全不同的形式，因而也就不再作爲連續出現；然而充足理由律始終保留著必然聯繫特徵，充足理由律在自身一切形式中的一致性，或者確切些說以充足理由律爲共同表述所有規律根據的統一性，透過這種必然聯繫的特徵而把自己展現出來了。

如果我所反對的康德的主張是正確的，我們認識連續的**實在性**的唯一方法，就是透過它的**必然性**；但是這就要立刻預先假定有一個包含了全部原因和結果的系列的知性，因而假定有一個無所不知的知性。康德僅僅是爲了減少對感性的需要，便把不可能性的重負加到了知性身上。

康德主張，我們認識連續的客觀實在性的唯一手段就是結果緊隨原因的必然性，他還主張，時間中的連續，是我們確定兩個狀態誰爲結果的唯一的經驗標準。[44] 我們怎麼能夠聽任這

---

44 康德：《純粹理性批判》，德文第一版，第二〇三頁；第五版，第二四九頁。

樣的主張呢？難道有誰沒有看到這裡面極其明顯的循環論證？

如果我們是透過因果關係去認識連續的客觀性，那麼，我們就絕不能把它設想爲是因果聯繫以外的東西，並且也就只能是因果關係。因爲假如它是任何其他東西的話，那麼它就會具有另一個藉以被認識的特殊標誌；而這正是康德所否認的。所以，假如康德是對的，我們就不能說：這個狀態是那個狀態的結果，所以這個狀態跟隨著那個狀態；因爲「跟隨」和「是一個結果」，完全是同一回事情，並且這個命題是一個同語反覆。此外，如果我們拋棄了「跟隨」與「來自」之間的一切區別，我們就會再一次向休謨的觀點屈服，他宣稱一切後果都不過是一種順序，並因而同樣否認了這種區別。

所以，康德的證明可以被歸結爲：我們只能經驗地認識連續的**實在性**；但是，由於此外我們還認識到事變的某些系列連續的必然性，甚至先於一切經驗地認識到每一可能的事變都必須在這些系列中的某處有一個固定位置，所以，因果規律的實在性和先驗性當然是我在本書第二十一節提出的後面一個唯一正確的證明的必然結果。

與康德關於因果聯繫僅僅表達了客觀的連續和我們關於它的可能的認識的理論相類似，並行著另外一種理論：共存性以及我們對它的認識，只有透過相互作用才是可能的。在《純粹理性批判》中，這些觀點在「經驗的第三個類推」的標題下呈現。康德在這裡竟然說道「各個現象的共存，如果它們之間沒有相互的作用，而被一個完全虛空的空間所分離，就不能成爲可能知覺的對象」[45]（順便指出，這將會成爲關於在恆星之間不存在虛空的空間的一個先驗的證明），並說：「**作用**在我們眼睛和天體**之間**的光線——這是一個偷換概念的表達，就是說星光不僅作用於我們的眼睛，而且也被我們的眼睛所作用，——在我們與天體之間造成了一個相互的共同性，並且證明了後者的共存。」這樣，甚至從經驗上看，這最後一種主張也是錯誤的；因爲看到一個恆星絲毫也不能證明這個星球與它的觀察者同時共存，而頂多證明了這個星球在幾年以前甚至在幾個世紀以前就存在了；此外，康德的這第二個理論與第一個是休戚相關、共損共榮的，只是它比第一個更容易被察覺罷了；而整個相互作用的觀念的無用性，我已經在本書第二十節中表明了。

我們可以把對康德的證明的反駁同菲德爾（Feder）[46]和舒爾策[47]生前對這個證明所做的攻擊加以比較。

我不是沒有經過相當的躊躇，才冒險（在一八一三年）攻擊這樣一個作爲已經證明的眞

---

45 康德：《純粹理性批判》，德文第一版，第二一二、二一三頁。

46 菲德爾：《論空間和因果關係》，第二十九節。

47 舒爾策：《理論哲學批判》，第二卷，第四二二頁以下。

理而被普遍接受的理論，這個理論甚至今天還在最新的出版物[48]中被重複著，其深刻的智慧令我大爲尊敬和景仰，確實，我從這個學說得益是如此之多，以至於它的精神實質眞可以用荷馬（Homer）的一句詩來向我說：「讓我也來把你眼前的迷霧撥開吧！」[49]

§24 關於因果規律的誤用

根據前面的說明可以得出，把因果規律運用於物質的、經驗的既定世界中的**變化**以外的任何事物，就是對因果規律的濫用。例如，把因果規律運用於離開了它一切變化都不會發生的自然力；或者運用於作爲變化發生基礎的物質；或者運用於世界，在這種場合我們必須把獨立於我們理智的絕對客觀的存在歸之於這個世界；甚至運用於此外的許多其他場合；這些都是對因

48 例如，見弗里斯的《理性的批判》，第二卷，第八十五頁。

49 《伊利亞特》，V，第一二七頁。

果規律的誤用。我請讀者看一看在我的主要著作中我有關這一問題的論述。[50] 這種誤用之所以產生，部分是由於我們對因果性概念的運用就像許多其他的形上學和倫理學的概念一樣，是在**太廣泛**的意義上使用的；部分是由於我們忘記了，因果規律實際上是一個預先的假定，是我們使它同我們一起來到世界上，借助於它我們對外部世界的知覺才成爲可能的；但是，正因爲如此，我們才無權把來源於我們認識能力的原則擴展到我們認識能力的範圍之外，並且使之獨立於我們的認識能力，也無權假定它就像宇宙和一切存在的永恆次序那樣有效。

§25　變化發生過程中的時間

由於生成的充足理由律唯獨只適用於**變化**，因此我們在這裡必須指出，古代的哲學家就已經提出了關於變化發生於其中的時間問題，在這裡，變化在前面一個狀態的存在中發生，卻

---

50 《作為意志和表象的世界》，德文第二版，第二卷，第四章，第四十二頁以下；第三版，第二卷，第四十六頁以下。

沒有一個後面的狀態相繼伴隨，這種可能性是不存在的。然而，如果我們把變化確定在兩個狀態之間的一段特殊的時間之中，那麼，在這段時間中，一個物體就既不處於第一個狀態，也不處於第二個狀態。例如，一個正在死去的人，就會是既沒有活著，也沒有死掉；一個物體既不處於靜止狀態，也不處於運動狀態：這將是荒謬的。我們發現這個問題所引起的種種困惑和詭辯的技巧，都匯集在塞克斯都·恩披里柯的有關著作中，[51]在涉及格里尤斯（Gellius）的章節（第六卷，第十三章）中，同樣探討了這個問題。柏拉圖堅持變化是**突然**發生的，並且根本**不占有時間**，他以這種頗爲傲慢的態度處理了這個棘手的問題。[52]他說，變化是突然發生的，他把這稱爲一種奇特的、非時間（然而又是在時間之內）的存在。

因此這個難題便留給亞里斯多德的智慧去澄清了，他在《物理學》的第六卷第 i — viii 章深刻而透徹地探討了這個難題。他關於任何變化都不是在柏拉圖的意義上突然發生的，每一個變化都僅僅是逐漸發生並因此而占有一定的時間的證明，是完全建立在對於時間和空間的純粹的先驗直覺的基礎上的；但是這也太令人難以捉摸。然而，這一十分冗長的論證的精髓，可以被歸結爲以下幾個命題。當我們說到彼此互相限制著的對象時，我們的意思是，這兩個對象具

---

51 塞克斯都·恩披里柯：《反數學家》，第九卷，第二六七—二七一頁，以及《假說》，第三卷，第十四章。

52 柏拉圖：《巴門尼德篇》，第一三八頁。

有共同的終端；因而只有兩個延伸的東西，而絕不是兩個不可分的東西才能夠相鄰，因爲否則兩個東西就會成爲**一個**東西，這就是說，只有線，而不是純粹的點，才能夠相鄰。他然後把這個論點從空間轉移到時間，因爲在兩個點中間總是有一條線，所以在兩個此刻之間總有一段時間；這就是變化在其中發生的時間——也就是說，變化發生在**一個狀態**處於第一個此刻、另一個狀態處於第二個此刻之間。這段時間，像其他任何時間一樣，是無限可分的；因而，每一個變化都在這段時間中經歷了無數的階段，透過這些階段，第二個狀態逐漸地從第一個狀態中產生了出來。——透過下面這樣一個解釋，這個過程也許會更容易被理解。在兩個其差別可以爲我們的感官所知覺的連續狀態之間，總有一些其差別不能爲我們所知覺的中間狀態；因爲，爲了被感官感知，新生的狀態必須達到一定的強度或者廣度：所以第二個狀態是以一系列強度或者廣度不足的階段爲先導，在經歷了這些階段之後才逐漸產生出來。總而言之，這些中間階段都被包含在變化的名稱之下，而它們所占據的時間則被稱爲**變化的時間**。如果我們把這運用於被推動的物體，那麼，第一個結果便是這個物體內部某些部分的振動，當這種振動波及物體的其他部分之後就爆發了外部的運動。——亞里斯多德十分正確地從時間的無限可分性中推論出，充實於時間之中的每一事物，因而每一變化，即每一個從一種狀態到另一種狀態的過渡，必定同樣是可以無限分割的，這樣，一切事物的產生實際上都產生於無限多的部分的集合；所以事物的發生永遠是逐漸的，而絕不是突然的。根據這些原則和由此而來的運動的逐漸產生的觀點，他在這本書的最後一章做出了一個重要的推斷，這就是沒有任何東西是不可分的，並且沒有一個單純的**點**能夠運動。並且這個結論同康德關於物質是「在空間中運動著的東西」的定義是完全一致的。

亞里斯多德首先這樣提出並加以證明的關於連續性和一切變化逐漸發生的規律，我們發現在康德那裡曾經被論述了三次：在他的《論感覺界和理智界的形式和原則》，第十四節；在他的《純粹理性批判》；[53]並且最後是在他的《自然科學形上學的第一原則》。[54]他在所有這三處地方的解釋都是同樣簡明扼要的，然而卻不如亞里斯多德的解釋透徹，然而總的說來這兩種解釋是基本一致的。因此我們很難懷疑，康德必定是直接或者間接地從亞里斯多德那裡吸取了這些觀點，雖然康德並沒有提及亞里斯多德。亞里斯多德的命題「此刻的諸瞬間是不連續的」（《物理學》，第四卷，第十章），我們發現在這裡被康德做了如下表述：「在兩個瞬間之間，總還有一段時間」，這可以用來反駁「甚至在兩個世紀之間，也沒有任何東西存在，因爲在時間中同在空間中一樣，必定永遠存在著一個純粹的界限」的觀點——這樣，康德在不提亞里斯多德的同時，卻力圖在他的三個論述中的第一個，也是最早的一個中，使自己提出的理論與萊

53 康德：《純粹理性批判》，德文第一版，第二〇七頁；第五版，第二五三頁。

54 康德：《自然科學形上學的第一原則》中「關於力學的一般說明」的末尾處。

布尼茲「連續性定律」[55]一致起來。如果這兩個人的觀點果眞是一回事，那麼萊布尼茲的觀點必定是得自於亞里斯多德。萊布尼茲第一次論述這個「連續性定律」是在給培爾（Bayle）的一封信中。[56]然而在這裡他把它稱爲「一般的秩序原理」，並且在這個名稱下提出了一個十分籠統的、含混的，主要是幾何學的論證，這個論證與變化的時間並無直接聯繫，他甚至沒提到過這個變化的時間。

55 按照他自己的說法，見愛德曼編《哲學全集》，第一八九頁。

56 同上書，第一〇四頁。

第五章 論主體對象的第二個層次，以及在其中居支配地位的充足理由律形式

§26 關於對象的這一層次的說明

人類和動物之間唯一的本質區別——這個區別很早以前就被歸結爲人類所獨有的被稱之爲**理性**的特殊認識能力——是以人類具有一個動物所不具有的表象層次這個事實爲基礎的。這就是概念，因而也就是與**直覺**表象相對立的**抽象**表象，然而這又正是從直覺裡面獲得的。這一點的直接後果，就是動物既不能說話也不會笑；但是間接地說，所有那些把人和動物的生活區分開來的各種不同的重要特徵，也都是它的後果。因爲由於有抽象表象的伴隨發生，動機改變了自己的特徵，雖然決定人類的活動的必然性與統治動物活動的必然性是一樣的嚴厲，但是透過這樣一種新的動機——就它在這裡是由使有選擇的決定（即被意識到的動機的衝突）成爲可能的**思想**構成的——一種有目的的、經過反思的、按照計畫和原則的、與其他的活動相協調等等的活動，便取代了當前的、可知覺對象所引起的單純的刺激；但是，由此也導致了所有那些使人類生活變得如此豐富、如此矯揉造作和如此可怕的東西，使得生活在西半球上的人，他們的皮膚變得雪白，他們第一故鄉的那種原始的、眞誠的、深奧的宗教被他們拋棄，他們也不再把動物認作自己的兄弟，並且錯誤地相信動物同自己有著根本不同，企圖透過把牠們稱爲獸類，把牠們身上與人類共有的生命機能冠以卑賤的名稱，並把牠們斥爲不開化的東西，來證實他們這種錯覺；這樣，他們便堅定了否認動物與他們本身之間的同一性的信念，然而這種同一性又在不斷地困擾著他們。

然而，正如我們已經說過的，全部的區別就在於——除了上一章考察的與動物所共有的直覺的表象之外——人類在自己的大腦中還容納其他來自於這些直覺表象的抽象表象，這是人的大腦要比動物的大腦大得多的主要原因。這種表象被叫作**概念**，因爲每一個概念都在自身之中，或者確切些說是在自身之下，都包含了無數的個別事物，並由此構成了綜合。我們也可以把這種表象定義爲**來自於表象的表象**。因爲形成這些概念時，抽象的能力把我們在上一章中所描述的完整的、直覺的表象分解成爲它們的組成部分，以便按照事物的不同性質，或者事物之間的不同關係去分別地思維這每一個部分。然而由於這一過程，表象必然地喪失了它們的可知覺性，正如水被分解後就不再是流體和可見的東西了。雖然每一個這樣被孤立（抽象）出來的性質十分便於透過自身而被**思維**，但絲毫不能由此得出它能夠透過自身而被**知覺**。我們透過捨棄眾多的在知覺中提供給我們的東西形成了概念，以便使剩餘的部分能夠透過自身而被思維。因此，概念就是一種小於我們知覺範圍的思維。如果在考察了知覺的多種多樣的對象後，我們捨棄了屬於每一個表象的不同的東西而把它們共同的東西保留下來，那麼結果就將是這些種的**屬**。所以，屬的概念就是在扣除了那些不爲**每一個種**所具有的東西後，在其中包含了每一個種概念的概念。這樣，由於每一個可能的概念都可以被認爲是一個屬，所以一個概念就始終是一個一般的東西，並且因此而是不可知覺的。由於這個原因，每一個概念也都有著自己的**領域**，作爲在其中所能被思維的東西的總和。在抽象思維中，我們上升得越高，我們所捨棄的也就越多，因而剩下的要被思維的東西也就越少。最高的也就是最一般的概念，是最爲空洞和最爲貧乏的，最後就成了純粹的外殼，諸如存在、本質、事物、形成，等等。——順便請問，那種只會杜撰出這種概念的，並且實質上也僅有這樣一些思維的膚淺外殼的哲學體系，又有什麼用處呢？這種哲學體系必然是極端的空洞、貧乏，因而令人厭倦得可怕。

這樣，正如我們所說的，由於這種經過昇華和分析而形成抽象概念的表象喪失了一切可知覺性，所以這些表象如果不是在我們的感覺中被一些任意的符號固定和保留下來的話，就將完全從我們的意識中溜掉，並且從它們所註定要參與的思維過程來看，對我們的意識是毫無用處的。而這些符號就是文字。就文字構成了字典並因而也構成了語言的內容來說，文字總是標示出**一般的**表象、概念，而從不是可知覺的對象；而一個列舉個別事物的專用語詞典，只是包含了一些特殊的名稱，而不是文字，一個地理學或者歷史學的詞典也是如此：這就是說，它列舉的是被時間或者空間所分離的東西；因爲正如**我的**讀者所知道的，時間和空間是個別事物的原則。動物只是由於侷限於直覺的表象並且不能進行任何抽象——因而也就不能去形成概念，——所以牠們才沒有語言，即使牠們能夠說出一些詞彙；然而牠們卻懂得特殊的名稱。我在關於滑稽的理論[1]中表明，也正是由於同一個缺陷，使得動物與笑無緣了。

1 見《作為意志和表象的世界》，德文版第一卷，第十三節；以及第二卷，第八章。

在分析一個未受過教育的人所做的滔滔不絕的發言時，我們發現，其中有著豐富的邏輯的形式，句子、成語、區別，以及各種巧妙的措辭，透過它們的音調和結構，甚至透過間接引語，以及不同語氣等等的頻頻使用，借助於語法的形式正確地表達出來，一切都合乎規則，這使我們大爲驚奇，並迫使我們從中認識到了一個廣闊、完整而連貫的知識。然而，這種知識是在可知覺世界的基礎上獲得的，而把這個世界的全部本質簡化爲抽象的概念則是理性的基本任務，並且這種知識只能透過語言才能產生。因此，在學習使用語言的時候，理性的整個機制——也就是說，一切邏輯中的本質的東西，——也被帶入到我們的意識之中。顯然，沒有相當的精神努力和注意集中，這是不能產生的，而學習的願望則爲兒童的精神努力和注意集中提供了必要的強度。只要這種渴望懂得它面前的東西是眞正有用的和必要的，那麼它就是強有力的，只是在我們把那些不適於兒童理解的東西強加給他們時，這種渴望才顯得軟弱無力。所以，甚至一個受過劣等教育的兒童，在學習語言的各種措辭和技巧時也像其他兒童一樣透過自己的談話，完成了他的理性的發展，並且獲得了這樣一種眞正的具體邏輯，這種邏輯與其說在於邏輯的規則，不如說在於這些規則具體的運用；這就像一個具有音樂天才的人只需演奏鋼琴，無須去讀樂譜或者研習音樂作品，就能學會合音的規則。——只有聾子和啞巴才被排除在上述透過學會講話而進行的邏輯訓練之外；因此在他們沒有學會利用專門適合於他們要求的那種取代了理性的自然訓練的完全人工的手段去閱讀時，他們簡直就像動物一樣不可理喻。

§27 概念的有用性

正如，我們上面所指出的我們的理性或說思維能力的基本實質，就是抽象力或說形成**概念**的能力：因而正是這些東西在我們意識中的呈現造成了如此令人驚異的結果。其所以能夠如此，主要是根據以下幾個原因。

正是由於概念所包含的內容少於它們由以抽取出來的表象，所以概念也就比表象更加容易處理；實際上，概念之於表象，就像高等代數的公式之於使這些公式得以產生並爲這些公式所代表的心算活動，或者就像對數之於它所代表的數目。概念只包含它們由以抽取出來的許多表象中我們所需要的部分；如果我們不是試圖用想像的方法去代替這些表象本身，我們就只好不得不拖著一副只會困擾我們的非本質的雜物的重擔；然而借助於概念，我們就能夠只去思考所有這些表象中的爲每一個別的目的所要求的那些部分和關係，這樣，它們的工作就好比是捨棄了多餘的行李，或者好比用植物的提取物取代了植物本身——用奎寧取代了樹皮。被確切地稱爲**思維**的東西，它的最嚴格的含義就是理智借助於**概念**的占有：也就是我們現在放在我們面前的這一層次的表象在我們意識中的呈現。這也就是我們所謂的**反思**，這是從光學借用過來的一個術語，這個詞立刻表示出來了這種認識的派生的和第二性的特徵。正是這種思維，這種反思，給了人以**深入思考**的能力，而這正是動物所缺少的。因爲，透過使人能夠在一個概念下思考許多事物，然而又始終只是思考每一事物中的本質部分，概念就使人能按照自己的意願去捨棄任何一種區別，因而，甚至是捨棄在時間上的以及在空間上的區別，並且這樣就獲得了在思維中進行概括的能力，不僅能對過去和將來進行概括，而且也能對不存在的東西進行概括；然而動物從任何一種角度看都被嚴格地限制在當前的事物上。這種深入思考的能力也是人的所有那些理論上的和實踐上的成就的眞正根源，這些成就使人能夠如此巨大地優越於動物；首先，是人在考慮過去的同時也能照顧到將來的根源；其次，是人在一切事業中的那種事先計畫了的、系統的、有條理的步驟的根源，並因而是許多人爲了一個共同目的而協作的根源，從而也是法律、制度、國家等等的根源。——然而，概念運用的重要性，尤其是在科學中，因爲嚴格說來，概念是科學的素材。確實，一切科學的目的最終都可以歸結爲透過一般而得到特殊知識；這又只是運用包括了一切和無的句子才成爲可能，並且也只有透過概念的存在才是可能的。所以亞里斯多德說道：「沒有一般，就不可能有知識。」[2]概念恰恰就是那些「一般」，它們的存在方式在中世紀釀成了唯實論和唯名論沒完沒了的爭論。

2 亞里斯多德：《形上學》，XII，第九章。

§ 28 概念的表象 判斷力

正如我們已經說過的，概念是不能同想像的圖畫相混淆的，想像的圖畫是直覺的和完整的，因而是個別的表象，雖然它們不是直接由感官的印象所喚起，因而也就不屬於經驗的複合體。但是，在把想像的圖畫作爲概念的表象來使用時，我們也應當把想像的圖畫（幻想）同概念區別開來。當我們試圖把握使一個概念得以產生的直覺表象本身並試圖使它與這個概念相吻合時，幻想就當作**概念的表象**來使用了，而這在任何情況下都是不可能的；因爲不存在任何比如說一般的狗、一般的顏色、一般的三角形、一般的數目的表象，也不存在任何想像的圖畫可以和這些概念相一致。所以，當我們想像出一隻狗或者別的東西時，它作爲表象，必定在各個方面都是被規定了的：這就是說，它必定具有一個確定的大小、形狀、顏色，等等；即使它所體現的概念並無這些規定。然而，當我們利用這樣的**概念表象**時，我們總是意識到了這些表象並不滿足於它們所體現的概念，並且充滿了任意的規定。在關於人類理智的第十二篇論文的第一部分末尾，休謨表示他本人贊同這種觀點，就像盧梭（Rousseau）在他的《論不平等的起源》中所表示的那樣。[3] 反之，康德在其「純粹知性概念形式化」一章裡卻持完全相反的觀點。

3 見該書第一部分的中部。

問題就在於內省和清晰的反思是能夠單獨來判定的。因此，我們每個人都必須檢查一下自己，是否意識到他自己的概念中的先驗的純粹想像的交織字母，或者，例如當他思考一隻狗時，他是否意識到了某種「狗和狼之間」的東西；或者正如我們在這裡所表明的，他是否是在透過他的理性去思維一個抽象的概念；或者是透過他的想像來把這個概念的某種表象作爲一個完整圖畫而表現出來。

一切思維，從較爲廣泛的意義上說，也就是一切內在的精神活動，都必須有文字或者想像的圖畫：缺少其中任何一個，思維就無所依據。然而，這兩者並非同時都是必需的，雖然它們可以彼此合作以互相支持。這樣，從一個比較嚴格的意義上看，思維也就是利用字而進行抽象反思——它或者是純粹的邏輯推理，在這種情況下，它嚴格地把自己保持在自己固有的範圍內，或者爲了同知覺表象達成一個知性而涉及了知覺表象的界限，以便使經驗所給予並爲知覺所把握的東西同清晰的反思所導致的抽象概念聯繫起來，並且由此而達到對它的完全占有。因此，在思維中，我們不是在探索概念或者既定的知覺所從屬的規則，就是在探索對既定的概念或者規則予以證明的特殊場合。在這種性質中，思維就是**判斷力**的活動，並且（按康德的劃分）在第一種場合是反思的活動，在第二種場合則是歸納的活動。因而判斷力也就是直覺認識和抽象認識之間的中間環節，或者說是知性和理性之間的中間環節。在大多數人那裡，判斷力僅僅是初步的存在，甚至往往是名義上的存在；[4] 它們註定要受其他人的指使。並且除非必需，我們可不再講到它們。

一切認識的眞正核心就是這種借助於直覺表象而活動的反思，因爲它追溯到了一切概念的源泉和基礎。因此是這種反思導致了一切眞正的原始思想、一切最初的基本觀點和一切發明，只要在其中不是偶然性占了最大成分的話。**知性**在這樣的思維中占據著優先地位，而理性則是純粹的抽象反思中的主要成分。長時間漫遊在我們頭腦中的某些思想，就屬於這種反思：這些思想遊來遊去，一會兒落在這種直覺上，一會兒又落到另一種直覺上，直到最後變得清晰了，在概念中被固定下來，並且找到了表達它們的文字。當然，有些思想從來也沒有找到表達自己的文字，並且很不幸，這些思想是所有思想中最好的思想，正如阿普留斯（Apuleius）說的：對於文字來說是好得過分了（《變形記》，XI，二十三）。

然而，亞里斯多德認爲沒有想像的圖畫，任何反思都不可能，他是走得太遠了。關於這一點他說：「離開了想像，心靈就不會思想」，並說：「一個人在想到某物時，必定同時

---

4 讓那些認為這個斷言未免誇張的人去考慮一下歌德的「色彩理論」的結局吧。假如他為我在這個結局中找到的例證而驚奇，那麼他自己也將再次證實這一點。

想到了與之伴隨的形象」，還說：「沒有想像就沒有思想。」[5]這些話對十五和十六世紀的思想家們產生了深刻的印象，因而他們反覆地強調亞里斯多德的這些言論。例如，米蘭朵拉（P. de Mirandula）說道：「進行思考和思維的人，必定看到想像的必然顯現。」[6]米蘭希頓（Melanchthon）說道：「思維的人必定看到了想像圖畫。」[7]布魯努斯（J. Brunus）說道：「亞里斯多德說：誰要想獲得認識，就必須進行想像。」[8]波旁那蒂尤斯（Pomponatius）也按同樣的意義表述了自己的見解。[9]——總而言之，可以肯定，每一個眞實的和基本的概念，甚至每一個名副其實的哲學原理，必定具有某種直覺的觀念作爲其最內在的核心或根據。這種儘管短暫而單一的核心或根據進而把生命和精神授予整個分析，不論這種分析多麼詳盡，——就像一滴正確的試劑透過它所導致的沉澱物的顏色而提供了整個結論一樣。一個分析具有了這樣一種核心，就好比是由擁有現金擔保的商行發行的銀行票據；而出自純粹概念的組合的其他分析，就像是只擁有轉帳單據擔保的商行發行的銀行票據。所以一切推理的言論都導致了使概念

5　亞里斯多德：《論靈魂》，III，第三、七、八章。
6　《想像》，第五章。
7　《論靈魂》，第一三〇頁。
8　《想像的構成》，第十頁。
9　《論不朽》，第五十四、七十頁。

更爲清晰的結果，但是嚴格說來，卻不能導致任何新的見解。因此，這種事可以交給每一個人自己去處置，而不必每天都充斥在書籍之中。

§ 29 認識的充足理由律

但是嚴格地說，思維並不是抽象概念在我們意識中的直接呈現，毋寧說，思維是邏輯學在判斷理論中所表明的在各種限制和修飾下兩個或者更多的抽象概念間的聯繫或分離。被清晰地思想和表達出來的概念之間的這種關係，我們稱之爲**判斷**。關於這些判斷，充足理由律也是適用的，然而在形式上則與我們上一章所闡明的有很大的不同；因爲在這裡，它表現爲認識的充足理由律。充足理由律就此而宣稱，如果一個判斷想要表達任何種類的**認識**，它就必須具有一個充足的理由：借助於這種性質，這個判斷才獲得了眞實的述詞。這樣，**眞理**就成爲一個不同於某件事物本身的被稱之爲該事物的理由或根據的判斷的聯繫。正如我們馬上就會看到的，這種理由本身可以有相當多的種類。但是，由於這個理由又始終是某種使判斷建立於其上的東西，所以它的德文術語，即 Grund 選得並不壞。在拉丁文中，以及在一切起源於拉丁語的文字中，表示認識的理由的詞彙，同用來表示理性的能力（*rationatio*）的詞彙是一樣的：這二者都被稱作 ratio，la ragione，la razon，la raison，the reason。由此顯而易見的是，關於判斷的理由的認識曾經被認為是理性的最高功能和根本任務。這些使判斷能夠建立起來的根據，可以分為**四個**不同的種類，透過判斷而獲得的眞理，也將相應地有所不同。這些種類將在下面一節中論述。

§ 30　邏輯的眞理

一個判斷可以有另一個判斷來做自身的理由，在這種情況下，這個判斷便有了**邏輯的**或**形式的**眞理。它是否也具有一個實質的眞理，這還是一個尙待解決的問題，並且取決於作為它的根據的判斷是否具有實質的眞理，或者它所據以建立的判斷系列是否導致一個具有實質的眞理的判斷。這種一個判斷在另一個判斷之上的建立，總歸是這兩個判斷之間的一種比較，這種比較或者透過單純的換位法或換質位法而直接地產生，或者透過加上第三個判斷而產生，於是我們建立的關於判斷的眞理透過它們之間的相互聯繫就變得顯而易見了。這種推演就是一個完整的三段論。它或者產生於對當法，或者產生於小前提。由於借助於第三個判斷而使一個判斷建立在另一個判斷之上的三段論絕不涉及判斷以外的任何其他東西；而且由於判斷不過是概念的組合，而概念又是我們理性獨有的對象，所以三段論被正確地稱爲理性的特殊功能。事實上，整個三段論的科學，不過就是關於將充足理由律運用於判斷間的相互關係時各種規則的總和；因而它也就是**邏輯的**眞理的準則。

透過四個著名的思維規律而使自身的眞理顯而易見的那些判斷，本身也必須同樣被看作是以另外一些判斷爲基礎的；因爲這四條規律本身恰恰就是判斷，另外的那些判斷的眞理就是由此而產生的。例如，「三角形是包含有三條邊的空間」這個判斷，它的最終理由便是同一律，也就是透過同一律而表達出來的思想。「沒有一個物體不具有廣延」這個判斷，它的最終理由就是矛盾律。再比如，「任何一個判斷全部或者眞或者不眞」，則以排中律作爲它的最終理由。最後，「如果不了解爲什麼，就沒有人能夠承認任何一個事物是眞的」，又是以認識的充足理由律作爲自己的最終理由。的確，在我們理性的一般使用中，我們在承認那些產生於思維的四個規律的判斷爲眞以前，並沒有把這些判斷歸結爲作爲它們的前提的最終理由。這是因爲大多數人甚至不知曉這些抽象規律的眞正存在，然而這些判斷對於作爲它們的前提的規律的依賴卻並不因此而減少，正如第一個判斷對於第二個作爲前提的判斷的依賴，並不因爲這樣一個事實而減少，這個事實就是，當一個人說「這個物體的支撐物如果移開，它就得落下來」時，完全沒有必要使「一切物體都趨向於地球的中心」的原則呈現在他的意識之中。因此，如果說邏輯學中的**內在的眞理**至今已被歸結爲一切唯獨以思維的四個規律爲基礎的判斷，也就是說，如果這些判斷已被**直接地**判定爲眞的，並且如果說這種**內在的邏輯的眞理**由於被歸結爲一切具有另一個判斷作爲自己的理由的判斷而同**外在的邏輯的真理**區分開了，那我是不能贊同的。每一個眞理都是一個判斷與某種**外在於**它的東西之間的關係，而**內在的真理**這個提法是自相矛盾的。

§31　經驗的真理

一個判斷可以建立在表象的第一層次基礎之上，也就是建立在透過感官而獲得的知覺，因而也就是經驗的基礎之上。在這種情況下，這個判斷具有**實質的真理**，而且，如果它是直接地建立在經驗之上，這種眞理就是**經驗的真理**。

當我們說，「一個判斷具有**實質的真理**」時，我們的意思大體上就是，這個判斷的各個概念是按照它由以被推出的直覺表象的要求而連接、分離和限制的。獲得這種認識是判斷力的直接功能，這是認識的直覺能力與抽象推論能力之間的中間環節，換言之，是知性與理性之間的中間環節。

§ 32 超驗的眞理

存在於知性和純粹感性之中的各種形式的直覺的、經驗的認識，作爲一切可能經驗的條件，可以是一個判斷的根據，在這種情況下，這個判斷是先驗綜合判斷。然而由於這種判斷具有實質的眞理，它的眞理便是超驗的；因爲這種判斷不僅是以經驗爲基礎，而且也以存在於我們之中的一切可能經驗的條件爲基礎。因爲這種判斷恰恰是由決定經驗本身的東西來決定的，也就是說，它或者由我們先驗地知覺到的空間和時間的形式所決定，或者由我們先驗地認識到的因果規律所決定。兩條直線並不包含一個空間；沒有原因任何事物都不會產生；物質既不能產生也不能消失；3×7＝21，這些命題就是這種判斷的實例。整個純粹數學，同樣，我有關先驗的值得贊許的文獻[10]以及康德的《自然科學的形上學基礎》中的大部原理，嚴格說來，都可以用來證實這種眞理。

10 見《作為意志和表象的世界》，德文第三版，第二卷，第九章，第五十五頁。

§ 33　超邏輯的真理

最後，一個判斷可以建立在包含在理性之中的一切思維的形式條件上；在這種情況下，這種判斷的眞理在我看來，最好被規定爲**超邏輯的眞理**。這一表述完全沒有牽扯到十二世紀薩里斯伯材西斯（J. Sarisberriensis）所寫《超邏輯學》，因爲他在序言中宣稱：「我把我的這本書稱爲《超邏輯學》，是因爲我有責任爲邏輯辯護」，此外他再也沒有使用這個字眼。這種超邏輯的眞理判斷只有四種，它們很早以前就被歸納法所發現，並且被宣稱爲一切思維的規律；雖然人們對於這些判斷的表述以及它們的數目還不完全一致，但對於它們的基本含義卻是大家一致贊同的。這些判斷就是：——

1. 一個主詞同它的述詞的總和相等，或者說，a = a。
2. 沒有一個述詞能同時附屬於一個主詞又不屬於這個主詞，或者說 a = -a = 0。
3. 每個主詞必須包含兩個彼此對立、互相矛盾的述詞中的一個。
4. 眞理是一個判斷同一個外在於它的、作爲它的充足理由的東西的關係。

正是借助於我傾向於稱之爲理性的自我省察的這種反思，我們才認識到，這幾個判斷表達了一切思維的條件，並因而使這些條件成爲它們的理由。由於我們的理性在致力於與這些規律相抵觸的思維時毫無結果，所以，它認識到了這些規律是一切可能的思維的條件：於是我們發現，與這些規律相牴觸的思維的不可能，正如要使我們身體的一些部位按照與它們的關節相反的方向活動一樣不可能。假如對於主體來說認識自身是可能的，那麼這些規律就將**直接**地被我們所認識，並且我們也就不再把它們放到對象，也就是表象上去試驗了。在這一方面，這恰好與那些具有超驗的眞理的判斷的理由是一樣的；因爲這些理由也並不直接地進入我們的意識，而首先是以具體（*concreto*）的方式，透過對象，也就是表象，才進入我們的意識。例如，在試圖設想一個沒有居先的原因的變化時，或者在設想物質的產生或消滅時，我們就會意識到這是不可能的；而且我們把這種不可能性看作是一個客觀的東西，雖然它的根據處於我們的理智之中：因爲否則我們就不能用一種主觀的方式把它提交意識。總而言之，在超驗的眞理和超邏輯的眞理之間，存在著強烈的相似性和聯繫，這表明這兩種眞理是產生於一個共同的根據。我們在本章看到充足理由律主要是作爲超邏輯的眞理，而它在前一章（第三十二節）中又作爲超驗的眞理而表現出來，在下一章，它又將在另一種形式中作爲超驗的眞理而再次被看到。恰恰是由於這個原因，在本書中，我爲要把充足理由律確立爲一個有四重理由的判斷而煞費苦心；我在這裡並不是說四種不同的理由偶然地導致了一個相同的判斷，而是說一個理由從四個方面把自己展示出來，這就是所謂的四重根據。另外的三種超邏輯的眞理彼此是如此非常地相似，以致正如我的主要著作第二卷第九章中所做的，當在考察它們中的一個時，幾乎必然地會導致去尋求它們幾個的共同表達。另一方面，這三個超邏輯的眞理又同充足理由律有著相當大的區別。如果我們在超驗的眞理中爲另外三種超邏輯的眞理尋求一個同源語，那麼我選中的一個就是：實體，我指的是物質，它是不滅的。

§34　理性

由於我在本章中所涉及的表象層次是唯獨人才具有，並且正如我所表明的，由於一切將人類的生活同動物的生活如此有力地區別開來，並賦予人類以如此巨大的優越性的東西，是以人的這些表象能力爲基礎的，所以這種能力顯然並且無疑構成了自古以來就被認爲是人類特權的理性。同樣，一切被各個民族一直都明確地看作理性的產物或表現的東西，即作爲理性的產物或表現的東西，也都顯然可以被歸結爲以文字爲條件的僅僅對於抽象的、推理的、反思的、間接的認識來說才是可能，而不是對於那些也屬於動物的、純粹的、直覺的、直接的、感性的認識來說才是可能的東西。西塞羅正確地將理性和說話放在一起，並且這樣描述它們說：「透過教導、學習、傳達、磋商和判斷，人們彼此成爲朋友」，[11] 等等；並說：「如果願意的話，

11　西塞羅：《論職責》，I，十六。

被我稱爲理性的東西，也可以用更多的詞彙來稱呼：精神、思考、思想和思索」；[12]還說：「理性是唯一能夠使我們優越於動物的東西，借助於理性我們才有能力進行預見、論證、反駁、作出某種安排和決斷。」[13]但是，古往今來在一切國家裡，哲學家們都是一成不變地在這樣一種意義上談論著理性，甚至康德本人也一直把理性歸定爲天賦的才能或者推理的能力；雖然不可否認，是他最先導致了那些由此而來的被歪曲了的觀念。在我的主要著作[14]中，以及在《倫理學的基本問題》中，我用很大的篇幅說到了關於哲學家們在這一點上的一致意見，以及關於理性的眞正性質，以反駁那些被歪曲了的概念，爲此，我們必須謝謝那些本世紀的哲學教授們才是。因此我不必再重複我在那裡已經說過的東西，並把我自己限制在以下的考察範圍之內。

我們的哲學教授們心甘情願拋棄迄今給予借助於反思和概念的思維和思考能力的名稱，這種能力把人和動物區別開來，並使語言成爲必需以便我們能勝任於它的運用，一切人類的思想和人類的成就都由於這種能力而結合在一起，因而，一切民族甚至一切哲學家都是根據這一事

12 西塞羅：《論神的本性》，II，七。
13 西塞羅：《論法律》，I，十。
14 見《作為意志和表象的世界》德文第二版，第一卷，第八節，亦可見附錄，第五七七—五八五頁（第三版，第六一〇—六二〇頁），以及第二卷，第六章；最後可見《倫理學的兩個基本問題》德文第一版，第一四八—一五四頁（第二版，第一四六—一五一頁）。

實去考察並且在這種意義上去理解這種能力的。我們的哲學家不顧一切合理的口味和習慣，硬說這種能力從今以後應該被稱爲**知性**而不是**理性**，並且一切來自於這種能力的東西都應叫作**理智的**而不是**理性的**，當然這裡面有一個棘手的怪圈，就像是樂曲中的一個雜亂的音調一樣。在一切國家中，自古以來**知性**、**理智**、**敏銳**、**機敏**，等等，這些詞總是更多地被用來表示我們在上一章所說的直覺能力；而與這裡所談論的理性的結果尤其不同，它的結果則總是被稱作理智的、明智的、聰明的東西，等等，所以，理智的東西和理性的東西，作爲精神能力的兩種完全不同的表現形式，總是彼此互相區別的。然而，我們的哲學教授卻不能考慮到這一點；他們的策略是要求犧牲，而在這種場合下的呼籲就是：「走開，眞理；因爲我們心中有著崇高的、十分明確的目標！給我們讓開，眞理，爲了上帝的崇高榮譽，就像你早已經學會了的那樣去做！難道是你給了我們學費和盤纏？走開，眞理，走開；蹲在角落裡發揮你的長處去吧！」事實是，他們爲自己的杜撰和捏造而需要理性的地盤和名稱，或者更確切和更坦率地說，是爲了那種完全虛構的能力而要求理性的地盤和名稱，指望幫助他們從康德使他們陷入的困境中擺脫出來：他們虛構的是一種直接的、形上學的認識能力；也就是說，是一種超越於一切可能經驗的認識能力，它能夠從事物本身和事物的關係中直接把握事物和世界，因而，就是說，它首先是上帝的意識，它直接地認識出上帝就是主宰，先驗地對上帝創造宇宙的方式加以解釋。如果這聽起來太平常，那麼就是先驗地解釋上帝從自身之中製造出宇宙的方式，或者說，上帝在一定程度上透過多少必要的有生命的過程把宇宙生產出來的方式，再或者——作爲一種最爲簡潔的程序，而不管這是多麼可笑——這就是按照君主在接見結束時的習慣，乾脆把宇宙「解散」，並讓它自己邁開腿，想去哪裡就去那裡。說實在的，在敢於邁出這最糟糕的一步上，我們發現沒有再比黑格爾更厚顏無恥的拙劣作者了。然而正是這種被極度誇大了的湯姆大叔的愚蠢舉動，在「理性認識」的名稱下，充斥著近五十年來上百卷的書籍，並且形成了如此眾多的被其作者稱爲哲學著作的論證，以及被另一些作者稱爲科學著作的論證，——這眞是令人啼笑皆非——這種表述翻來覆去眞令人厭煩。被冒失而武斷地當作全部這種智慧的根源的**理性**，據說是一種「超感覺的」能力，或者說一種「理念」的能力；總之是一種直接爲形上學而設計出來的處於我們內部的神奇力量。然而，近半個世紀以來，行家們在關於感覺透過何種方式而知覺這種超感覺的神奇東西的問題上，有著相當不同的意見。按照最大膽的說法，理性有一種對於絕對的直接的直覺，甚至有一種無限的不受約束性（*ad libitum*）及其向有限展開的不受約束性。另外一些不那麼大膽的人則認爲，理性接受這一訊息的方式，與其說帶有視覺的性質，不如說帶有聽覺的性質；因爲理性畢竟不是看到，而只是**聽到**了發生在雲雀國中的事情（阿里斯多芬〔Aristophanes〕：《雲雀》第八二一頁等），然後如實地把它所得到的東西轉達給知性，以便整理成哲學教科書，按照雅各比的一個雙關語，甚至德文中關於理性的名稱“Vernunft”也是從改了裝的“Vernehmen”（聽見）那裡派生出來的；而它又顯然是來自於由語言來傳達並以理性爲條件的“Vernehmen”，從而也就指明了對於文字的獨特的知覺及其含義，這與動物也具有的單純感性的聽覺是對立的。但是，半個世紀之後，這個蹩腳的雙關語一直深得青睞，它被當作一種嚴密的思想，或者甚至被當成了證明，並且一遍又一遍地被重複著。而這些行家們中最謹慎的則又主張，理性既不能去看也不能去聽，因此它既沒有收到視覺也沒有收到任何關於這些神奇東西的傳說，並且包含著一種單純的模糊的「懲戒」，或者說對這些東西的疑慮；但是他們然後都去掉了其中的字母d，從這個字（Ahnung〔擔憂〕）中於是便獲得了一種特別的呆傻風格，既然有了這種智慧的使徒的羞怯目光的暫時支持，它是不能不去爭取登場的。

我的讀者知道，我只是在柏拉圖主義的原始意義上採用了**理念**（idee）這個詞，並且在我主要著作的第三卷中詳細而透徹地討論了這種觀點。另一方面，法國人和英國人牢牢地把握住了idée（法文**理念**）或者idea（英文**理念**）這個詞非常普通但又十分清晰和確定的含義；然而德國人一聽到Ideen（理念）這個詞（特別是在像黑格爾那樣說出Uedähen這個詞）時，就張皇失措；他們心慌意亂，就像是坐著氣球升入空中。因此，對於我們的行家來說，這裡是一個理智的直觀發揮作用的場所；於是，他們中間最厚顏無恥的那位，臭名昭著的**騙子**黑格爾，乾脆就把他關於宇宙和萬事萬物的原則稱為「理念」，其中當然包括他們要去把握某件事物的全部思想。但是，如果我們追問理性因之被斷言為一種能力的這種理念的性質，那麼為了不使我們難堪而給予的解釋就是一大堆空洞、誇張、混亂的廢話，它占用了如此長時間，以致讀者如果不是聽到一半就睡著了，他一定會發現自己在末了不但沒有弄懂，反而越來越糊塗；他甚至會猜想這些理念與幻覺倒十分相似。同時，如果任何人表示出想要多了解一下這種理念的願望，他一定會把萬事萬物都給開列出來。於是理念就將成爲這些經院哲學家的課題——我在這裡指的是關於上帝、一個不朽的靈魂、一個眞實而客觀地**存在**的世界及其規律的各種表象中的主題，康德不適當地把這些主題稱爲理性的理念，正如我在〈康德哲學批判〉中表明的，這是錯誤的和不合理的，然而他僅僅是打算證明論證這些主題的根本不可能和這些主題完全缺乏理論上的根據。然後，作爲一個變種，它又將僅僅是上帝、自由和不朽；在另外一些時候，它就將成爲我們在第二十節中就已經有所了解的「絕對」，作爲宇宙論的證明而被迫改頭換面地傳播著；或者它作爲與有限相對立的無限；總之是因爲德國的讀者偏重於滿足這樣一種空洞的誇誇其談，而沒有覺察到他能夠從這裡整理出的唯一明確的思想就是「這是有一個終結的東西」和「這是個什麼也沒有的東西」。而且，「善、眞、美」，作爲改頭換面了的**理念**，是深爲富於傷感情調和軟弱心腸的人所垂青的，雖然它們實際上不過是三個非常廣泛而空洞的概念，因爲它們是從眾多的事物和關係中抽取出來的；所以，同其他許多這樣的抽象一樣，這三個概念也是極度空洞的。至於它們的內容，我在前面（第二十九節）已經表明，眞理具有一種唯獨從屬於判斷的性質；也就是說，一種邏輯上的性質；而關於另外的兩個抽象，我請我的讀者一方面參照一下我的主要著作第一卷的第六十五節，另一方面參照一下該書的整個第三卷。然而，如果每當提及這三個貧乏的抽象，就擺出一副莊嚴而神祕的樣子，把眉毛揚到了額頂，那麼青年人是很容易受到誘惑而相信在它們後面潛藏著某種奇特而難於表達的東西，從而使這三個抽象獲得了類似理念的尊稱，並且青年人也很容易被拴到這輛自稱的形上學的理性的凱旋車上。

因此當我們被告知，我們具有一種直接的、物質的（即是說，不僅在形式上，而且在實質上的）、超感性認識（即是說，一種超越於一切可能經驗的認識）能力，一種專門為形上學的洞察力而設計出來的能力，並且為了這個目的，這種能力是天生地存在於我們之中的，那麼，我必須冒昧地把這稱為一個徹頭徹尾的謊言。因為不帶偏見的自我考察將會使我們確信，在我們之中根本不存在這樣的能力。而且，隨著時間的流逝，一切誠實的、名副其實的、可以信賴的思想家所達到的成果，將精確地與我的主張相吻合。我的主張是這樣的：一切在我們整個認識能力中固有的東西，因而一切先驗的並獨立於經驗的東西，都嚴格地侷限於認識的**形式**部分；也就是說，侷限於關於理智的特殊功能的意識，以及關於這些功能可能發生作用的唯一方式的意識；但是，為了提供物質的認識，所有這些功能就都需要來自外部的物質。因此在我們之中存在著外部的、客觀知覺的形式：時間和空間，還有因果規律——它作為知性的純粹形式，使知性能夠構造出一個客觀的、有形的世界，——最後，是抽象認識的形式部分：這最後一部分被放在**邏輯**之中加以探討著，我們的先輩因此而正確地把邏輯稱為關於**理性的理論**。但正是這個邏輯同時也告訴我們，構成那些涉及全部邏輯規律的判斷和結論的概念，它們在**質料**和**內容**上必須依賴於**直覺的**認識；就像產生出**這種直覺認識**的知性在為它的先驗形式提供了內容的質料上依賴於感覺一樣。

這樣，一切存在於我們認識中的物質的東西，也就是說，一切不能被歸結為主觀形式的東西，不能被歸結為個體的活動方式的東西，不能被歸結為我們理智的功能的東西——因而也就是認識的全部質料——都是來自於外部；這就是說，最終是來自起源於感覺的、對有形世界的客觀知覺。這樣，正是這種直覺的並就涉及物質內容而言的經驗的認識，被**理性**——**真正的**理性——整理成爲概念，並借助於文字感性地固定下來；然後這些概念又透過構成我們思維世界中的經緯線的判斷和推理而爲理性的無窮無盡的組合提供了質料。因此，**理性**根本不具有**物質**的內容，而僅僅具有**形式的**內容，並且這是邏輯學的對象，其中因而只包含有思維活動的形式和規則。在反思中，理性完全是被迫地從外部世界獲得，即從一個由知性所造成的直覺表象中得到了它的物質內容。在形成概念的時候，理性把自己的功能施加於這種表象，首先是透過捨棄事物的某些不同的性質而保留下另外的一些，然後剩下的這些性質又被連在一起組成了一個概念。然而，正如我已經表明的，表象在它們變得更容易處理的同時，也就由於這個過程而失去了直覺地被知覺的能力。因此，理性的功效正在於此，也僅在於此；而它卻從來也不能**從自身的源泉而提供**物質的內容。——它只有形式：它是陰性的；它只能受孕，卻不能生育。理性這個詞在一切拉丁語系以及日爾曼語系的語言中都是陰性，而知性則一律均爲陽性，這並不是出於純粹的巧合。

當運用諸如「健全的理性教導說」或者「理性應當控制感情」這類的表述時，我們絕不是說理性從自身的源泉中提供了實質的認識；倒不如說我們是在表明理性反思的結果，就是說，表明了來自這樣一種原則的邏輯推論，這種原則使抽象的認識得以逐漸地從經驗中凝聚起來，並且透過它我們獲得了清晰而全面的觀念，這種觀念不僅是經驗必然性的，因而是可以對事物的發生加以預見的觀念，而且甚至也是我們自身行爲的理由和後果的觀念。「**合理性的**」或「合理的」在任何時候都只是「連貫的」或者「**合邏輯的**」之同義語，並且反過來說也是如此；因爲邏輯只不過是理性特有的程序本身，它在一個由各個規則組成的體系中表達出來；因此，這些表達（合理的和合邏輯的表達）彼此間的關係，同理論與實踐的關係是一樣的。也完全是在這個意義上，當我們說到一個合理的舉動時，我們的意思是說這是一個十分連貫的舉動，因而它出自於普遍的概念，而不是爲瞬間的暫時印象所決定。然而，這種舉動是否道德，卻完全不能由此來決定，道德的善惡與此毫不相關。對所有這些的詳細解釋可見於我的〈康德哲學批判〉[15]以及我的《倫理學的兩個基本問題》。[16]最後，得自於**純粹理性**的概念，不論是直覺的還是反思的，也就是那些根源於我們認識能力的**形式**部分的概念，因而也就是那些我們能夠先驗地，也就是無須借助於經驗而向我們的意識提供的概念。這些概念總是以那些具有超驗的或超邏輯的眞理的原則爲基礎。

另一方面，一種最初從自身的源泉中提供出物質的認識並且傳遞了超越於可能經驗範圍的實證訊息的理性；一種爲了做到這一點就必須包含**天賦觀念**的理性，也是一個純粹的虛構，

15《作為意志和表象的世界》，德文第二版，第一卷，第五七六頁以下；第三版，第六一〇頁以下。

16《倫理學的兩個基本問題》，德文第一版，第一五二頁；第二版，第一四九頁以下。

這是我們的哲學教授的發明，並且是康德的《純粹理性批判》引起他們恐怖的產物。現在我懷疑，這些紳士是否了解眞正的洛克並且曾經讀過他的著作？也許他們早就草率而膚淺地讀過他的著作，然而又從他們自以爲優越的高度來自鳴得意地蔑視這位偉大的思想家；也許他們是根據某些拙劣的德文譯本去了解洛克的；因爲我迄今都不認爲，對現代語言的認識的增進是與對古代語言認識的可悲的減少成正比的。此外，甚至對康德哲學的一個眞實而全面的認識，如今除去在極少數年事很高的人那裡以外，也很難找到，哪裡還有時間顧得上像洛克這樣舊時的蒙冤者呢？現在已經成長起來的年輕一代當然是不得不獻身於研究「黑格爾偉大的精神」，研究「崇高的史萊馬赫（Schleiermacher）」，並研究「精明的赫爾巴特（Herbart）」。可悲啊，可悲！這種學院式的英雄崇拜和來自受尊敬的官方同僚或有希望的追隨者對大學名人的頌揚中的巨大危害，恰恰在於把一個普通的理智——大自然的單純的製品——當作掌管人類精神、奇蹟和聖物的東西而呈送給了判斷力尙未成熟的最誠實而又易於輕信的年輕人。學生們便立即用全副精力對這些庸才無休止的平淡無奇的作品進行枯燥研究，濫用分配給他們那短暫的、極爲寶貴的大學時光，而沒有用這樣的時光去獲得他們本來可以在那些極爲稀少的、名副其實的、眞正罕見的思想家，即極少數在深不可測的波濤中游泳的人的著作中發現可靠知識。這些思想家只是在很長時期裡才時而露面，因爲大自然每樣東西只造一件，然後「就銷毀了模子」。假如年輕人自己享有的那一份智慧沒有被那些極其有害的平庸吹捧家、被那些庸才的兄弟會和一個龐大團體的成員們騙走的話，這一代人將同那些偉大人物一樣，本來是可以理解生活的，而這個團體今天就像過去一樣活躍並且還高懸著它的旗幟，頑固地同一切偉大而眞誠的人物相對抗，使得它的成員蒙受了恥辱。多虧了他們，我們的時代才落到如此的地步，以致我們先輩多年研究，認眞運用並盡力領會的康德哲學，再一次對當代人變得陌生了，這代人就像諺語所說的「是七弦琴前的蠢驢」一樣站在它面前，當他們笨拙而粗魯地攻擊它時，——就像是野蠻人在向他們所不熟悉的希臘神像擲石頭。正是由於這個原因，我感到我有責任奉勸所有那些直接地知覺、理解和認識到理性——簡言之是從自己本身的源泉提供物質的認識——的擁護者們，去讀一讀洛克著作的第一冊，這到目前在全世界已經盛行了一百五十年，而對他們來說則是一件新的東西，並且在其中，尤其是要詳細讀一讀第三章的 §21—§26 節，這是直截了當地針對任何天賦觀念的。雖然在否認任何天賦的眞理時，洛克是走得太遠了一點，由於他把他的否認甚至也擴展到我們**形式的**認識上——在這一點上他已經被康德成功地糾正了——然而在關於**物質的**認識，也就是說在關於一切提供實體的認識這一點上，他完全而無可否認地是正確的。

我在我的《倫理學》中已經講過了我在這裡還必須重複的東西，因為正像西班牙的諺語所說的，「不想去聽的人才是最聾的」，這就是假如理性是一種專門為形上學而設計的能力，這種能力提供了認識的物質內容並能夠揭示出一切超越於可能經驗的東西，那麼就像在各種數學問題上一樣，在人們關於形上學和宗教的各種問題之間就必然有共同的意見一致在起決定作用，——因為形上學和宗教是一回事情，——而那些持根本不同觀點的人就會被簡單地當成是他們的精神不太正常。但是，完全相反的情形卻出現了，因為人們還沒有一個問題能像這些問題那樣完全地不一致。自從人們一開始思維，就到處充滿了彼此互相對立和衝突的哲學體系；事實上，這些哲學體系經常是彼此截然相反的。自從人們一開始信仰（這還要早一些），各種宗教就用火和劍，就用開除教籍和正統教規而彼此爭鬥著。不過在信仰極爲狂熱的時期，等待著每一個異教徒的，並不是精神病的收容所，而是宗教法庭，以及它的全部刑具。因此在這裡，經驗再一次地同認爲理性是一種直接的形上學的能力，或者明確地說，是一種來自上述的啟示的能力這種錯誤主張直接而明顯地相矛盾。的確，早就應當對這樣的理性做出嚴厲的判決了，因爲說起來可怕，一個如此蹩腳、如此顯而易見的謬誤在半個世紀之後還在德國到處兜售，年復一年地從教授的講臺來到了學生的課桌，又從課桌來到講臺，並且甚至在法國也已經實際上找到了一些願意相信它的蠢貨，也帶著它在這個國家中到處叫賣。然而在這裡，法國的健全的人類理智將很快就會把超驗的理性打發走的。

但是，這種謬誤又是首先從哪裡產生的呢？這種虛構又是怎樣第一次問世的？我不得不承認它首先是出自康德的實踐理性及其無上的命令。因爲只要這個實踐理性一旦被承認，那麼就像無上的理論理性一樣，進一步需要的，不過就是作爲它的副本，或者說孿生姊妹的次要的補充，也就是一個把形上學的眞理宣布爲女巫所預言的三腳架的理性。參閱一下我的《倫理學的兩個基本問題》[17]，在其中，我敘述了這一發明的輝煌成就。雖然我承認是康德首先提出了

17 叔本華：《倫理學的兩個基本問題》，德文第一版，第一四八頁以下。（第二版，第一四六頁以下。）

這個錯誤的假設，然而我必須補充說，那些想要跳舞的人是不會總也找不到吹奏人的。這的確就好像是人類身上的一種惡習，使得他們出於因一切腐敗和邪惡而引起的共鳴，寧願標榜和崇敬這位傑出人物的著作中那些次要的部分，更不用說那些明顯的缺陷，而那些眞正可敬的部分卻被當作純粹的小玩意兒而受冷落。在我們今天，已經很少有人了解康德哲學的特別深刻和眞正偉大之所在；因爲既然他的著作不再被人研究，也就必然不再被人理解。事實上，那些誤認爲哲學從康德以來已經向前推進，而不是剛剛開始的人，出於歷史的目的，才草率地瀏覽了一下康德的著作。因此我們馬上發現，儘管他們都在談論著康德哲學，但是這些人所了解的不過是一些鳳毛麟角，以及純粹的外表，而且如果他們偶爾在這裡或那裡抓住了一句離譜的言論或者拿出來一份康德哲學的粗糙的梗概，他們也絕不會深入了解其含義和精神的深刻。主要吸引這種人的，首先是康德哲學中的二律背反，因爲這些東西很古怪，而更加吸引他們的，是康德的實踐理性及其無上的命令，甚至還有被康德放在這之上的道德理論，儘管康德對這種道德理論絕不懷有眞心實意；一個僅僅具有實踐根據的理論教條，恰如我們讓小孩子玩的不用擔心出危險的木頭槍：確切地說，它同「洗洗我的皮膚，卻不要打濕它」屬於同一個範疇。對於無上的命令，康德從未主張過它是一個事實，相反，他一再反對這樣做，他只是把它作爲思維的一種極爲奇妙的組合的結果來看待，因爲他爲了道德需要有一個最後的支撐物。然而我們的哲學教授，卻從不探究事情的原委，這就使得似乎在我之前還沒有任何人曾對這個問題做過澈底的研究。他們反而急急忙忙地把無上的命令作爲一個牢固建立的事實來爲它博取信譽，用他們純正的用語稱它爲「道德律」——順便說一句，這總使我想起了比格爾（Bürger）的"Mamsell laregle"，說實在的，他們從這裡爲他們造出了一個就像摩西的訓誡一樣宏偉的東西，並完全取而代之。在我的〈論道德的基礎〉這篇論文中，我把同一個實踐理性及其無上的命令置於解剖刀下面，並且如此明確地最終證明了它們從來不具有任何生命或者眞理，我希望有人能夠提出理由來反駁我，從而眞正地幫助無上的命令重新站住腳。同時，這也不使我們的哲學教授們感到難堪。作爲一種使他們的倫理學得以建立的隨心所欲的「顯靈」，他們就像不能沒有自由意志一樣，也不能沒有「實踐理性的道德律」，這兩者都是他們那種老太婆哲學中的基本點。既然對於他們來說，這兩者的繼續存在，就像是已經亡故了的君主，出於政治上的理由，有時也可以在死後繼續統治幾天一樣，那麼不論我是否已經使這兩者壽終正寢，都是沒有多大關係的。這些大人物簡單地運用老一套來反對我對這兩個過時的編造的無情打擊：沉默，沉默；於是他們就不聲不響地溜走，假裝不知道，好讓公眾相信我以及和我一樣的人是不值一提的。誠然，他們的哲學的感召是來自於官府，而我的則是來自於自然。確實，我們也許最終會發現這些英雄們所奉行的原則恰如那種想入非非的鴕鳥，以爲閉上自己的眼睛就能擺脫獵人。是的，我們必須等待；如果公眾在這期間沉溺於無聊的廢話和難以忍受的討厭的囉嗦，醉心於「絕對」的任意的構造，以及這些紳士們用來哄小孩子的道德——就是說，直到我死了，他們才按照自己的意圖去點綴一下我的著作——那就等著瞧吧。

即使在今天
邪惡依然暢行無阻，
那也不必擔心，
正義在明天，
將受人擁戴。18

但是這些紳士們可曾知道，今天是什麼時代了？一個早就在預料之中的時代已經來臨了；教堂正在搖晃，而且已經搖晃到這種地步，就連是否能恢復自己的重心已成了問題；因爲信仰已被拋棄。啟蒙的光芒，就像其他的光芒一樣，需要有一定程度的黑暗作爲必不可少的條件。那種由於具備一定程度和範圍的知識而不願去信仰的人，已經爲數眾多了。關於這一點，我們可以從一種膚淺的唯理論的普遍傳播，找出明顯的跡象，這種唯理論正日益顯露出它猙獰的面目。它默然地開始了估量基督教深奧的神學的工作，在這方面它鬱鬱沉思了數百年，並同布販子用的舊制尺爭執不下，而且自以爲是絕頂高明的。然而，被這些頭腦簡單的唯理論者當作笑料專門挑出來的卻是基督教的眞正精華，是原罪的教旨，這恰恰是因爲在他們看來，再清

18 歌德：《東西詩集》，第九十七頁。

楚和肯定不過的是，這種原罪的存在應當是從我們每個人生下來時才開始的：因此，也就再沒有比我們一來到世界上就已經擔上了罪孽更不可能的了。多麼敏銳！就好像是趁著大家懦弱和疏忽的時候，狼群光臨了村莊，於是在這種情況下，早就埋伏在那裡的唯物主義，便昂起頭來，與它的夥伴，有時也稱作人道主義的獸道主義手挽著手大出風頭。我們的求知欲隨著我們不再信仰而膨脹了。全部理智的發展已經達到了沸騰的程度，在這裡，一切信條，一切啟示，一切權威都煙消雲散，人在這裡要求自己做出判斷的權利；一種不僅要受教育，而且也要被信任的權利。在幼年時牽引人的繩索已經鬆開，從此他要求獨自地行走。然而他對形上學的渴求，就像對任何物理學的要求一樣並未消失。於是，這種對於哲學的渴求變得嚴肅認眞起來，並且人類寄希望於那些從自己的隊伍中湧現出來的所有眞正的思想家的精神。這樣，空洞的誇誇其談和被閹割了的理智的懦弱努力也就不夠了；人們體會到需要一種嚴肅認眞的哲學，這種哲學的心目中除了學費和薪水，還有其他的目標，因此它不在乎是閣員還是議員認可了它，也不在乎它是否服務於這樣或那樣宗教派別的目的；相反，這種哲學清楚地表明，在它的心目中，有著與那種爲了精神貧乏的人的謀生哲學非常不同的使命。

現在回到我的理論上來，借助於一種只需冒一點兒風險的擴充，一個**理論的**神諭就被加到了**實踐的**神諭上面，後者曾被康德錯誤地賦以理性。這種發明的榮譽無疑要歸功於F．H．雅各比，從他那裡，職業的哲學家們興高采烈而又感激涕零地收到了十分寶貴的禮物，以幫助他們擺脫被康德逼入的困境。被康德如此無情地批判過的那個沉著、冷靜、周密的理性，從此被降格爲**知性**，並且透過這個名稱而被認識；而理性則假定要去表示一種完全在想像中的、虛構的能力，似乎是讓我們透過一個小小的窗子，去眺望那世外的，不，超自然的世界，一切現成的早已準備好了的眞理都由此而提供給我們，而那種舊式的、誠實的、反思的理性則長時期地就爲此而徒勞地爭論著。近五十年來，德國的僞哲學正是在這種純粹幻想的產物上，這樣一種完全虛構的理性基礎上建立起來的，首先，是作爲絕對的「自我」任意的構造和設計，以及從這個「自我」中生出來的東西「非我」；其次，是對於絕對同一性或漠不相干性的理智直觀，及其向自然的展開；再次，從最遙遠的根據或無根據，從黑暗的深淵或雅各．波墨式的無底深淵中產生的上帝；最後，是純粹的自我意識、絕對理念、概念自我運動的芭蕾舞場面——然而同時，它也總是作爲對於神、超感覺的東西、神性、眞實性、完美性以及種種其他可以想到的「性」的直接把握，或者甚至作爲對所有這些奇蹟的一種朦朧的預感。[19]——理性就是這樣，不是嗎？否，這簡直是一齣笑劇，我們這些只是爲康德的嚴厲批判而困惑的哲學教授，爲了把他們國家的法定宗教的課題應付過去，就設法利用這齣笑劇作爲哲學的答案，不管對還是不對。

對於全部教授式的哲學來說，首要的義務就是必須確立一個無可懷疑的教條，並且爲它提供一個哲學的基礎，這個教條就是存在著一個上帝、造物主和宇宙的統治者，一個被賦予

---

19 即前面所說的沒有「d」的“Ahndung”。

知性和意志的人格的，因而也就是單個人的存在，她從虛無中創造出了世界，並且用她那崇高的智慧力量和仁慈統治這個世界。然而，這種義務卻使我們的哲學教授在嚴肅認眞的哲學上陷入了困境。因爲出了一個康德，他在六十多年前寫出了《純粹理性批判》，結果是，在基督教時期提出的所有那些關於上帝存在的證明，這些證明又可以歸結爲僅有三個可能的證明，都沒有能夠如願以償。而且，任何這樣一種證明的不可能性，以及一切思辨神學的不可能性，已經詳細地以先驗的方式，而不是用空洞的誇誇其談或正時髦著的黑格爾的晦澀語言所表明了。黑格爾的晦澀語言可以隨心所欲地到處亂用，但嚴格而坦率地講，卻是十足的老一套；因此，不論康德的東西多麼不合眾人的口味，但近六十年來，卻沒有能夠提出任何有力的反駁去回答它，結果關於上帝存在的證明也就名譽掃地，不再有人問津了。我們的哲學教授甚至開始看不起它們並給它們以決定性的蔑視，就像那些要對不言自明的東西加以證明的企圖一樣滑稽而多餘。哈！眞可惜，這一點竟沒有早一些被發現！在漫長的歲月中爲探索這些證明費盡了多少心機，而對康德來說，拿出《純粹理性批判》的全部重量來壓碎它們卻是多麼地不在話下！人們一定會由此而想起狐狸對酸葡萄的輕蔑。而那些希望看一下這種輕蔑的樣本的人，將會在謝林的《哲學著作集》的第一卷，一八〇九年版第一五二頁上找到非常有特色的典型。於是，當其他人正在用康德的主張來安慰自己，要想證明上帝的不存在，就像證明它的存在一樣不可能，——的確，宛如老戲子不知道要證明的正是提出論斷的依據——雅各比用令人欽佩的發明來挽救了我們這些狼狽的教授，他向本世紀的德國學者奉送了一種以前從不知道或從未聽說過的理性。

然而，所有這些詭計都是完全不必要的。因爲證明上帝存在的不可能性絕不會妨礙它的存在，因爲這種存在是植根於一個牢固得多的基礎上的堅不可摧的堡壘之中。的確，這是一個關於啟示的問題，而且這是再確實不過的了，因爲在這時，這種啟示只能賜予單個的人，這種單個的人由此而被稱爲上帝的選民。事實表明，我們只能在猶太教以及來自於猶太教的並因而在廣義上可以稱作猶太教分支的兩種信仰中，才能發現作爲世界的人格的統治者和造物主的上帝的觀念，這個上帝作爲至善而支配萬物。我們在其他任何宗教中，不論是古代的還是現代的，都找不到這種觀念的跡象。確實，也沒有人會夢想把這個造物主、上帝、全能者，同印度的「梵」（Brahm）相混同，這個「梵」在我、在你、在我的馬、在你的狗中活著，——更不會把她同「梵天」混爲一談，「梵天」的生和死都爲其他的「梵天」開闢了道路，而且還承擔著罪過和罪惡的世界的後果，[20]——至少也不會把她同羅馬受騙的農神驕奢淫逸的兒子相混同，向他挑戰的普羅米修斯（Prometheus）曾預言了他的垮臺。但是如果我們最終把注意力轉向有

---

20 如果梵天受命於不停地創造人間事物，……那麼下面等級的存在怎麼能夠獲得安寧呢？《覺月初華》，見泰勒（J. Taylor）譯本的第二十三頁。——Brahma 作為生殖、存活和死去，也是三位一體的一部分，是自然的人格化：也就是說，他體現了創造、保護和毀滅這三個中的第一個。

著極其大量信徒的宗教，因而在這一方面堪稱是名列前茅的宗教——也就是佛教，就再也不能對它顯然無疑地是無神論的這一事實視而不見了，就像它顯然無疑地是唯心主義和禁慾主義的一樣；而且這一點甚至已經達到了這種程度，每當佛教的高級僧侶在提到自己的看法時，都對純粹有神論的教義表示了極大的厭惡。因此，在一份由阿瓦的高級僧侶交給天主教主教的文件中寫道，關於「存有一個創造世界和萬物的存在，她是唯一值得崇拜的」[21]這種說教被看成屬於六個可詛咒的異端一類的東西。[22]這一點得到了I．J．施密特（Schmidt）的完全證實，他是一位最傑出和最博學的權威，我認爲他無疑是所有歐洲學者中最精通佛教的人，他在他的著作《論諾斯替教學說與佛教的聯繫》中說道（第九頁）：「在佛教士的著作中，找不到任何可以肯定地表示出作爲創造原則的最高存在的跡象。每當這個題目在論證過程中順理成章地出現時，說實在的，它又好像是故意要逃走似的。」又在他的《中亞古文化史研究》第一八〇頁裡說，「佛教的體系不知道有什麼永恆的、不能被創造的、獨一無二的存在，不知道有這種在時間之前就已經存在並且創造了一切可見的和不可見的事物的存在。這種觀念對於佛教是十分陌生的，在佛教徒的著作中，一個這樣的跡象也找不到。並且我們發現也幾乎沒有提到造物主。

21 見《亞洲研究》，第六卷，第六十八頁；以及桑格曼諾（Sangermano）的《緬甸王國》，第八十一頁。

22 見I．J．施密特：《中亞古文化史研究》，聖彼得堡，一八二四年，第二七六頁。

的確，可見的世界不能沒有開端，但它是按照永恆的、不可改變的自然規律從虛空中**產生**的。然而，假如我們設想被稱爲命運或自然的任何東西被佛教徒認作是或崇敬爲神的原則，那麼我們就要犯錯誤；相反，正是這個虛空的空間的眞正發展，這個由這種發展而產生的凝聚，或者這種無限的分割，這種如此而產生的物質，構成了宇宙在其內部和外部關係中的罪惡，從這裡**產生**出了由同一種罪惡所確立的不可改變的規律的不間斷的變化。」他還說，[23]「佛教對於**創造**的表述是十分陌生的，它只知道宇宙進化論」，又說（第二十七頁），「我們必須懂得，沒有一個關於神的起源的創造觀念能同他們的體系相適合。」我可以列舉一百個這樣證據確鑿的段落；但是我將把自己限制在再引證一段上，我所以要引用這一段是因爲它具有通俗的和官方的特徵。在一本很有教益的佛教著作，《大王統史》[24]的第三卷中記載，大約在一七七六年，錫蘭的荷蘭人總督請教一個譯文，五座主要寺廟的高級僧侶都分別相繼爲之所難。非常有趣的是可以看到在談話者之間的鮮明對比，他們想要了解彼此的意見是極爲困難的。這些僧侶們，遵照他們所信奉的教義，對一切生靈都懷有深切的熱愛和憐憫，甚至對荷蘭的總督也不例外，不遺餘力地想用回答來滿足他。但是，這些僧侶們樸實而天眞的無神論，他們甚至達到實行禁

23　I．J．施密特：《在聖彼得堡科學院的講演》，第二十六頁，一八三〇年九月十五日。

24　根據僧加羅譯文，E．烏普漢姆（Upham）譯，倫敦，一八三三年。

慾的地步的虔誠，卻立刻與總督從小就被灌輸的、植根於猶太教的深切信念發生了衝突。對於總督來說，這種信仰成了他的第二天性；他甚至一點也不了解這些僧侶不是有神論者，所以他翻來覆去地追問最高的存在，問他們是誰創造了世界，如此等等。於是他們便回答說，不能再有比勝利者、圓滿者釋迦牟尼佛更高的存在了，他雖然也是一個國王生的兒子，卻為了人類的贖罪，為了把我們從永劫的輪迴轉世這種痛苦中解救出來，而自願過著乞丐的生活，並始終不渝地傳布他那崇高的教義。他們主張，世界不是由任何人創造出來的，[25]它是自我創造的，是大自然把它展開了，又把它收了回去；但這是存在著的事物的不存在：這是轉世的必然伴隨物，而轉世則是我們罪惡品行的結果，等等。我所以要提出這些事實，是由於德國的**學者們**還在普遍堅持的那種實在是令人反感的做法，甚至直到今天，他們還把宗教和有神論看成是一回事和同義語，然而事實上，宗教對有神論的關係就像屬對單個的種一樣，並且只有猶太教才同有神論是一回事。正是由於這個原因，我們才把所有既不是猶太教徒、基督教徒，也不是穆罕默德教徒的民族汙蔑為異教徒。基督教徒甚至也由於他們三位一體的教義而被猶太教徒和穆罕默德教徒斥之為是對一神論的褻瀆。因為不論怎樣反駁，基督教在自己的血管中總是有著印

---

25 赫拉克利特（Heraclitus）說，這個世界既不是上帝，也不是個人創造的。見普魯塔克：《靈魂的產生》，第五章。

度人的血，因而它一次又一次地想要使自己擺脫猶太教。《純粹理性批判》曾對有神論發起了最嚴厲的攻擊——這就是我們的哲學教授爲什麼如此著急要反駁康德的原因；但是假如這部著作出現在任何一個佛教流行的國度中，它就會簡單地被認爲是一部啟蒙作，它要用正統的唯心主義學說，即世界就像它呈現給我們的感官那樣僅僅是表面上的存在的學說中的有益證據，去更加澈底地批駁異教邪說。甚至在中國與佛教共存的另外兩個宗教——即道教和孔子的儒教——也正像佛教本身一樣是無神論的；所以傳教士們一直也沒有能夠把《舊約全書》前五卷的詩體文翻譯成中文，因爲在中文中沒有同「上帝」和「創世」相對應的詞彙。甚至郭實獵（Gützlaff）神甫，在他的《中華帝國史》的第十八頁中也坦白地承認：「非常奇怪的是沒有一個（中國的）哲學家曾經在認識造物主和宇宙之主的境界中自由翱翔，儘管他們充分地掌握了自然之光。」戴維斯（又譯德庇時，J. F. Davis）也從米憐（Milne）爲他《西域記》的譯本而寫的序言中，引用了一段與這十分一致的話，其中談到這本書時，他說，我們由此可見，「那被稱作純粹是『自然之光』的東西，即使有了全部異端哲學的見解的幫助，也完全不能使人去認識和崇拜眞正的上帝。」所有這些都證明了啟示是使有神論得以建立的唯一基礎這一事實；確實，它必須是如此，否則啟示就會是多餘的。這是一個很好的機會，使我們看到無神論這個詞本身，包含有一個祕密的假定，因爲它把有神論看成當然不言而喻的。更爲可靠的說法應當是「非猶太教」而不是「無神論」，應當是「非猶太教徒」而不是「無神論者」。

根據以上所述，由於上帝的存在屬於啟示，是透過啟示而牢固地確立起來的，因此它不需要任何一種人類的確證。然而，嚴格地講，哲學讓理性——即人類的思維、反思和沉思的能力——暫時獨自地試一試自己的力量，就像一個小孩子獨身地在草地上跑著，並且不借助於牽引帶去試一試自己的力氣，以看看自己到底能達到什麼地方一樣，哲學的這種做法，只是一個無用而多餘的嘗試。這種試驗或實驗我們稱之爲思辨，而它的性質就在於應當把一切權威、人性或神性置之度外，不予理睬，並且走自己的路，去尋求最崇高、最重要的眞理。這樣，如果思辨在這個基礎上，達到了康德所曾經達到的如上所述的完全同樣的結果，它也沒有權利因此而將一切誠實和良心立即全部拋棄，並走上偏僻的小路，以便設法重又回到作爲它的必不可少的條件的猶太教領地，倒不如說它應當立刻通過可能在它面前出現的任何人道，去眞誠而坦白地去尋求眞理，只是決不允許理性之外的任何靈光來指引它：這樣平靜而又充滿信心地前進，就像一個人在履行著自己的使命，而不管這條路會通向哪裡。

如果我們的哲學教授對這件事提出異議，並認爲要是他們不能讓上帝回到自己的寶座，——好像上帝的確需要他們似的，他們是不能榮幸地吃下他們的麵包的，那麼這就已經說明我的作品是不合他們的口味的，並且也說明了爲什麼我跟他們不是一夥；因爲我實在寫不出像這樣的文章，我也不像他們那樣，在每一次萊比錫博覽會上都有什麼關於「全能上帝」的最新報告要去發布。

第六章　論主體對象的第三個層次，以及在其中居支配地位的充足理由律形式

§35 對於這一層次對象的說明

這是完整的表象的形式部分，——也就是說，這是先驗地賦予我們的對於內部和外部感覺的直覺，即對於空間和時間的直覺——它構成了我們表象能力的第三個層次對象。

作爲純粹的直覺，這些形式本身就是表象能力的對象，並且不涉及那些完整的表象，也不涉及這些對象最初加在這些形式上的關於虛空或充實的規定；因爲純粹的點和純粹的線不能提供感性的知覺，而只能是先驗的直覺，就像空間和時間的無限延伸和無限分割唯獨是純粹直覺的對象，而對經驗的知覺則是陌生的一樣。在表象的第三個層次中，空間和時間是純粹的直覺，在表象的第一個層次中，空間和時間是感性的（而且是結合的）知覺，而把這第一個層次和第三個層次區別開來的，則是物質，因此我一方面把物質規定爲對空間和時間的可知覺性，另一方面又把它規定爲客觀化了的因果關係。

相反，屬於知性的因果關係形式，在同我們認識中物質的東西發生聯繫以前，本身不是我們表象能力的一個單獨的對象，而且我們也沒有意識到它是一個對象。

§36 存在的充足理由律

空間和時間的特性就在於它們的一切部分都處於相互的關係之中，這樣，它們的每一個部分都是另一個部分的條件並且又以另一個部分爲條件。我們把在空間中的這種關係，稱爲**位置**；而把在時間中的這種關係，稱爲**連續**。這些關係頗爲特別，完全不同於我們表象的一切其他可能的關係；因此，無論是知性還是理性都不能借助於單純的概念去把握它們，而是唯獨純粹先驗的直覺才使它們被我們理解，因爲要想透過單純的概念去解釋清楚上和下、左和右、前和後、以前和以後的含義是不可能的。康德正確地證實了這一點，他主張要想區分出我們右手和左手的手套，除了直覺，別無任何其他方法。這樣，與這些關係（位置和連續）相關的使時間和空間的各個部分彼此互相決定的規律，就是我所謂的存在的充足理由律。我在第十五節中，曾舉過一個關於這種關係的例子，透過一個三角形各邊及各角間的聯繫，我用它表明，這種關係不僅與原因和結果間的關係十分不同，而且也與認識的理由和結論間的關係十分不同；所以這裡的條件可以稱爲**存在的理由**。當然，對這種存在的理由之透澈理解是可以變爲認識的理由的：正如透澈理解因果規律及其在特殊場合的應用，是關於結果的認識的理由一樣；但這又絕不是要取消存在的理由、生成的理由與認識的理由之間的完全不同。一件事物往往是這樣的，即按照我們的充足理由律的**一個**形式是一個**後果**，而依照另一個形式則是**理由**。例如，在溫度計中水銀柱的上升，依照因果規律是熱的增加的後果，而依照認識的充足理由律則是理由，是認識的依據，是熱的增加的依據，並且也是使這一事實被斷定的判斷依據。

§37 空間中的存在的理由

相對於任何其他位置，空間的每一個部分的位置，比如說任何一條已知的線的位置——這同樣適用於各種面、立體和點，——絕對地決定著它本身參照於任何可能的線的完全不同的位置；這樣，就使得前者的位置與後者的位置處於後果與它的理由的關係之中了。由於相對於其他任何一條可能的線的這條已知線的位置，同樣也就決定了它相對於其他一切可能的線的位置，並且因而最初兩條線的位置本身也是由其他一切線的位置所決定的，所以，在我們看來，首先被其他位置所決定並且可決定其他位置的東西，也就是使我們把其特定的位置看作 *ratio*（理由），而把其他位置看作 *rationata*（有理由的）東西。其所以如此，是因爲在空間中並無連續可言；共存的表象的產生，恰恰是借助於把空間和時間結合起來而形成的經驗複合的集合表象。這樣，一種類似於所謂相互作用的東西使在空間中存在理由的每一個地方都居主導地位，它正如我們將在第四十八節中所看到的，在那裡，我將更爲充分地探討理由的相互作用。

這樣，正是由於每一條線都是由其他所有的線所決定的，同時每一條線決定著其他所有的線，因此，把任何一條線僅僅看作是決定其他線的而不看作是被其他線決定的，這種做法是武斷的；而且，每一個相對於其他任何位置的位置，都包含關於它本身參照於另一條線的位置的問題，它的位置必然地爲這另一條線的位置所決定並且由此而成爲其所是的東西。因此，要想在存在的理由的鏈條中的一系列環節中找到一個在先的終端，這就像要在生成的理由的鏈條中找到它一樣不可能，而且，我們也不能夠找到一個後面的終端，這是由於空間的無限性以及空間中可能的線條的無限性的緣故。一切可能的相對的空間都是圖形，因爲它們是有限的；所有這些圖形在互相之中都有著它們存在的理由，因爲它們是彼此具有共同的邊的。因此，就像理由的系列一樣，空間中的生成的理由系列也是無限地延伸的；而且並不是像理由的系列那樣是朝著一個單一的方向，而是朝著一切方向。

上述這些東西都是不能證明的；因爲這些原則的眞理是超驗的，它們直接建立在我們對空間的先驗的直覺上面。

§38 時間中的存在的理由、算術

在時間中的每一時刻，都以先前的時刻爲條件。存在的充足理由作爲結果的規律，在這裡是如此的簡單，因爲時間是僅僅一維的，所以它不包含有多種關係的複雜性。每一個時刻都以前面的時刻爲條件，我們只能經過前面的時刻而達到它：只有就前面的時刻**成為過去**並且已經消逝來說，現在的時刻才能存在。一切計算都是以這種時間的劃分關係爲基礎，數目只是用來表示在連續中的單個的梯級；因此，一切算術也都同樣以這種關係爲基礎，算術除了教會我們對計算進行有條理的節略外，再沒有告訴我們別的什麼。每一個數目都事先假定了它前面的數目爲其存在的理由：我們要達到十這個數目，必須經過十以前的一切數目，並且只有借助這種透澈理解我才得知，哪裡有十，哪裡就有八、六、四。

§39 幾何學

整個幾何學同樣是以空間劃分的位置聯繫爲基礎的。因此它將是對這種關係的透澈理解；只是正如我們已經說過的，這種透澈理解借助於單純的概念，或者實際上借助於除直覺以外的任何一種方式是不可能的，這樣就會使每一個幾何學命題都被還原爲感性的直覺，而證明也就會不過是在於要把問題中的特殊的關係變得明確；此外別無其他事情可做。然而我們發現，關於幾何學確有著十分不同的看法。只有歐幾里得（Euclid）的十二條公理被看作是以純粹的直覺爲基礎；但嚴格說來甚至只有其中的第九、第十一和第十二條被承認是基於各個不同的直覺之上，而其餘的則是以一種科學的認識爲基礎的；這種認識與經驗的認識不同，在其中我們並不涉及一個一個眞實存在的事物本身，以及種類繁多的感性材料，而是相反，我們在其中涉及的是概念，在數學中涉及的則是各種**規範的直覺**，即各種圖形和數目，它們的規則對一切經驗都具有約束力，因此它也就把概念的綜合性同單個表象的完整確定性結合在一起。雖然作爲直覺的表象，它們是澈底地由完全的精確性所決定的，——這種方式，沒有給任何其餘的未被確定的事物留下餘地——然而這些直覺的表象都是普遍的，因爲它們是一切現象的單純的形式，並且由此而適用於這些形式所從屬的一切眞實對象。因此，甚至在幾何學中，柏拉圖就他的理念所做的論述，對這些規範的直覺也是有效的，正如對概念也同樣是有效的一樣，這就是：兩個事物不能夠完全地相同，不然它們就會是一個事物。[1] 我認爲這句話可以運用於幾何

1 總而言之，柏拉圖的理念可以歸結為規範的直觀，在完整的表象中，它不僅對形式的東西有效，而且也對物

學中的規範的直覺，如果不是這樣的話，作爲單獨的**空間**對象，它們之間就將是在單純的**並列**中，也就是在**地點**上彼此相互區別。正如亞里斯多德告訴我們的，柏拉圖早就注意到了這一點：「他說，此外，除了感性事物和理念，在這兩者之間還存在著數學的東西。這些東西既不同於感性的事物，因爲它們是永恆的和不動的；也不同於理念，因爲它們中有許多是彼此相同的，而理念則是絕對唯一的。」[2]這樣，地點的差異並不取消同一性的基礎這種單純的認識，在我看來是完全可以取代其他九條公理的，並且我認爲，它將更爲適合於目的是要透過一般來達到特殊的認識的科學性質，而不太適合全都以同一個透澈理解爲基礎的，九條彼此分立的公理的論述。並且，亞里斯多德所說的「在這裡，是相等性構成了統一性」[3]也就能夠運用於幾何學圖形了。

但是對於時間中的規範的直覺，也就是對於數目，卻就連這種並列的特性也不復存在。在這裡，就像對於概念一樣，除了不同事物的同一性以外絕對沒有留下任何東西：由於在這裡只

質的東西有效——因而，它是作為這樣一種完整的表象，在同時理解許多事物的時候，就會始終像概念一樣而被決定：這就是說，是作為概念的體現，但這種完整的表象，是很適合我在第二十八節所闡明的那些概念的。

2 亞里斯多德：《形上學》，第一卷，第六章，並參照第十卷，第一章。

3 同上書，第十卷，第三章。

有一個5和一個7，並且在這裡，我們可能也會找出爲什麼7＋5＝12是一個先驗的綜合命題的理由，就像康德所深刻地揭示的，它是建立於直覺的基礎之上的，而不像赫爾德（Herder）在他的《形上學批判》中所說的是一個同一性命題。12＝12才是一個同一性命題。

因此，在幾何學中，只有在處理公理時我們才求助於直覺。此外的一切定理都是被證明的：這就是說，只要認識的理由被給予了，每個人就必然會承認這種理由的眞理性。定理的邏輯眞理性就是這樣被表明的，但這不是定理的超驗的眞理性（見第五章第三十和三十二節），超驗的眞理性由於植根於**存在的**理由而不是置身於**認識的**理由，所以不借助於直覺就不可能變得清楚明白。這就說明了爲什麼這種幾何學的證明雖然無疑傳達了對被已經證明爲眞的定理的確信，然而卻沒有提供任何對它所斷言的東西**為什麼**如此的透澈理解。換句話說，我們並沒有發現這種證明存在的理由，但又總是滿懷著找出這種理由的渴望。由於借助指明認識的理由的證明只能導致確信而不能導致認識，因此也許把這種證明叫作「反證」要比叫作「證明」更爲正確一些。因此這也就是爲什麼在絕大多數場合，這種證明被領會之後，它仍然留有由於缺乏完全的透澈理解而引起的那種不快的感覺；並且在這裡，由於剛剛獲得的確定性是這件事物**就是**如此，這就使得關於一件事物**為什麼**如此的認識上的缺欠本身也就更爲鮮明地被感覺到了。這種印象就像當一件東西莫名其妙地鑽進或跑出我們的口袋，而我們卻想像不出這是怎麼回事時的那種感覺。在這類不具有存在的理由的證明中認識的理由的提供，很像某些描述了現象卻沒有能夠指明其原因的物理學理論：例如萊登福洛斯特（Leidenfrost）的實驗，因爲它在白金

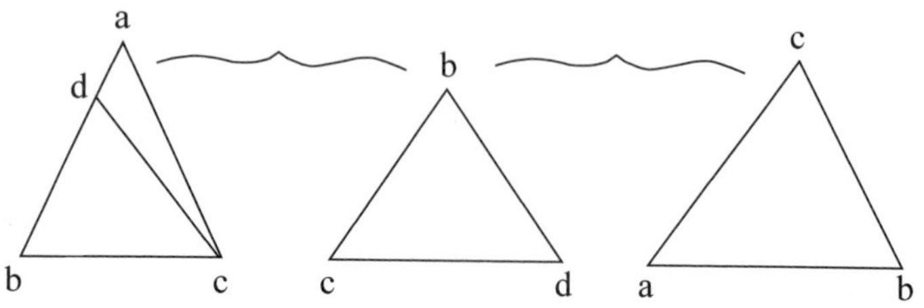

圖三

坩堝中同樣獲得了成功；然而借助直覺所發現的幾何學命題的存在的理由，就像我們獲得的每一個認識一樣，卻引起了我們的滿足。一旦存在的理由被發現了，我們就把我們對於定理的眞理的確信單獨地建立在這種理由的基礎上，而不再把它建立在借助證明而提供給我們的認識的理由的基礎上了。讓我們以歐幾里得的著作的第一卷中的第六條命題爲例：——

「如果一個三角形的兩個角相等，那麼對應於或面對著這兩個相等的角的兩條邊彼此相等。」（見圖三）

歐幾里得的證明如下：

「設 abc 爲一個三角形，其中角 abc 與角 acb 相等，則邊 ac 與邊 ab 也就必定相等。

因爲，如果邊 ab 不等於邊 ac，那麼它們其中的一個就比另一個大。設邊 ab 大於邊 ac，並且從 ba 截下相等於 ca 的 bd，然後作線 dc。那麼，在三角形 dbc 和 abc 中，因爲 db 等於 ac，並且 bc 是兩個三角形的公共邊，db 和 bc 兩條邊與 ac 和 cb 兩條邊彼此全部相等，並且角 dbc 等於角 acb，因此底邊 dc 與底邊 ab 相等，並且三角形 dbc 相等於三角形 abc，較小的三角形等於較大的三角形——這是悖理的。因此ab不能不等於ac，也就是說，ab只能等於ac。」

這樣，我們從這個證明中，得到了關於該命題的眞理的認識的理由。但是有誰把他對於這個幾何學眞理的確信建立在這個證明的基礎上呢？難道我們不正是根據我們直覺地得知的存在的理由而建立起自己的確信嗎？按照這種存在的理由（根據一種不容許有進一步的證明，而只容許有透過直覺的證據的必然性），由另一條線的兩個端點所引出的兩條直線，並且這兩條線是按照相等的斜度彼此互相傾斜，它們就只能在離這兩個端點相等的地方相交；因爲這兩個新出現的角嚴格說來只是一個，是互反的位置使它呈現爲兩個；因此，這兩條線將在一個比另一個距離端點更近的地方相交，是毫無道理的。

正是透過存在的理由的認識我們才看到了根據自身的條件而來的該條件的必然後果——在這個例子中，邊的相等是根據角的相等——就是說，它表明了條件與後果的聯繫；而認識的理由則只是表示了它們的共存。而且，我們甚至可以主張，通常的證明方式僅僅是在作爲一個例證而提供給我們的現實的圖形中，才使我們確信它們的共存，但是這絕不是說它們永遠是共存的；這是因爲必然的聯繫並未被表明，而我們所得到的對這種眞理確信是建立在推論之上，並且也是基於我們發現在我們製作的每一個圖形中，它都是如此這般的事實上面，存在的理由在所有場合，都的確不像它在歐幾里得的第六條定理這種簡單的定理中那樣顯而易見，而且命題也總是可以歸結爲某個這種簡單的直覺。此外，正如我們都先驗地意識到了每一個變化的原因的必然性一樣，我們也都先驗地意識到了空間關係中的這種存在的理由的必然性，當然，在複雜的定理中，要表明這種存在的理由是十分困難的，而且我也不打算在這裡探討困難的幾何學問題。所以，爲了使我的意思更爲清楚一點，現在我想回顧一下一個不十分複雜的命題的存在的理由，不過在這個命題中的存在的理由也不直接就是顯而易見的。略過那些中間的定理，我選擇了第十六條：

「在每一個有一條邊延伸出來了的三角形中，它的外角大於任何一個內部的對角。」

關於這一點，歐幾里得是以如下的方式證明的（見圖四）：

設 abc 爲一個三角形，並將邊 bc 引出至 d，則外角 acd 將大於內對角 bac 或者 cba。將邊 ac 二等分於 e，並作線 be，將 be 引出至 f，使 ef 等於 eb，作線 fc。將 ac 引出至 g。由於 ae 等於 ec，並且 be 等於 ef，所以 ae 和 eb 兩條邊分別與邊 ce 和邊 ef 相等，並且角 aeb 和角 cef 相等，因爲它們是對頂角；因此，底邊 ab 便與底邊 cf 相等，並且三角形 aeb 與三角形 cef 相等，並且一個三角形餘下的兩個角就分別與另一個三角形餘下的兩個角相等，而與之相對的是兩條相等的邊；因此，角 bae 與角 ecf 相等，但是角 ecd 大於角 ecf。所以角 acd 大於角 bae。

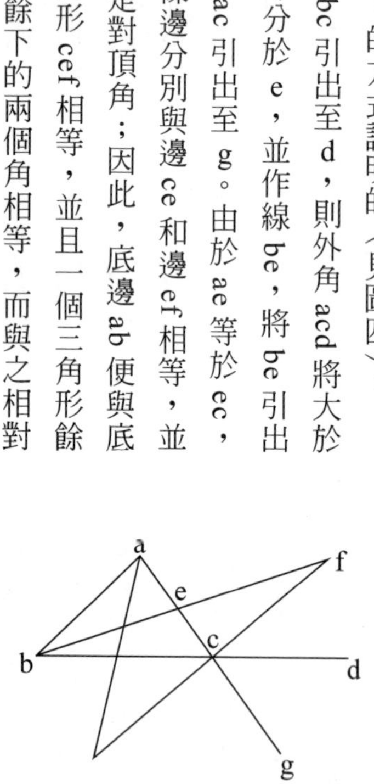

圖四

「按照同樣的方式，如果邊 bc 被等分爲二，並且將邊 ac 引出至 g，就可以證明，角 bcg，就是說對頂角 acd 大於角 abc。」

我關於這個命題的證明將如以下（見圖五）：

因爲如果角 bac 即使與角 acd 相等，更不用說大於角 acd，那麼相對於 ca 的線 ba 就將處於與 bd 相同的方向。（這恰恰就是所謂兩角相等的意思。）也就是說，ba 必定與 bd 平行，也即是說邊 ba 與邊 bd 絕對不會相交，但是爲了構成一個三角形，ba 就必須與 bd 相交（存在的理由），而這樣做就又必定與角 bac 和角 acd 大小相同的要求相反。

因爲角 abc 即使等於角 acd，更不用說大於角 acd，那麼線 ba 就必定處在與 ac 的同一個方向上而指向 bd（因爲，這就是所謂兩角相等的意思），也就是說，線 ba 就必定與線 ac 平行，也即所謂 ba 同 ac 必定不能相交，但是要構成一個三角形，ba 就必須同 ac 相交，並且這樣做就必定與角 abc 和角 acd 大小相同的要求相反。

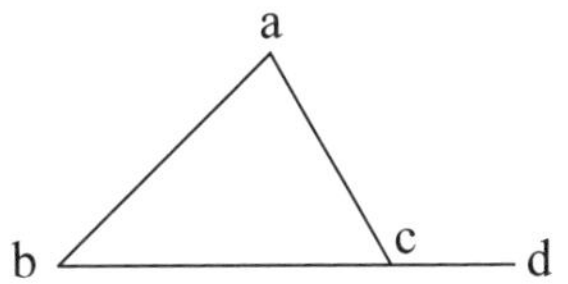

圖五

我並不想根據所有這一切而提出要引進一個新的數學證明方式，也不是要用我自己的證明去取代歐幾里得的證明，這是由於它的整個性質並不適於用作這種證明，以及它要以平行線的概念爲前提，而這在歐幾里得那裡，是出現得很晚的。我不過是要表明存在的理由究竟是什麼，以及存在的理由與認識的理由的區別之所在，認識的理由只能導致確證，這與對存在的理由的透澈理解是一件完全不同的事情。事實是幾何學只以導致確證爲目的，並且正如我已經談過的，它還留下了一種不快的印象，並沒有提供任何對於存在的理由的透澈理解——這種透澈理解像一切知識一樣，是令人滿足和愉快的——這也許就是許多著名人物極不喜歡數學的原因之一。

我不禁要再一次提及圖六，儘管在別的地方我已經例舉過它；因爲對這個沒有文字的圖形的透澈理解體現了畢達哥拉斯定理的眞理，這比歐幾里得那種讓人上當的證明要令人信服十倍。

對這一章具有特殊興趣的讀者，可以在我的主要著作《作爲意志和表象的世界》第一卷第十五節，以及第二卷第十三章中，找到對這個問題更爲充分的論述。

圖六

第七章　論主體對象的第四個層次，以及在其中居支配地位的充足理由律形式

§40 概述

還有待考察的我們表象能力的對象的最後一個層次，是一個特殊的，然而又十分重要的層次。對每一個體來說，它只包含有**一個**對象：這也就是內感官的直接對象，是作為認識主體對象的**意志主體**；因此，它只是在時間中，而不是在空間中展示自己，我們還將看到，即使是在時間中，它也受到了重大的限制。

§41 認識的主體和對象

一切認識都以主體和對象為前提。因此，即使是自我意識也不是絕對單一的，而是像我們對其他一切事物的意識（即知覺的能力）一樣，也要再進一步分為被認識到的東西和進行認識的東西。這樣，被認識到的東西就絕對而完全地把自己作為**意志**而展示出來。

所以，主體是完全把自身作為**意志**，而不是作為**認識**來加以認識的。對於進行表象的**自我**來說，本身是不能再成為表象或對象的，因為它作為使一切表象彼此必然地聯繫起來的東西而決定著一切表象，這裡倒正好用上《奧義書》的一段優美文字來說明：「你看不到它，而它卻看到一切；你聽不到它，而它卻聽到一切；你不了解它，而它卻了解一切；你無法認識它，而它卻認識一切。除了去看、去聽、去了解、去認識，它什麼也不是。」[1]

因此**認識的認識**是不存在的，因爲這將意味著主體從認識中的分化，然而同時主體又認識到了這種認識——這是不可能的。

對於「我不僅認識，而且也認識到我在認識」這一反駁，我的回答是，「你認識到了你在認識與你在認識不過只是字面上的不同而已。『我認識我在認識』的意思不過就是『我認識』，並且，『我認識』除非得到了進一步的規定，它的意思也不過就是『**自我**』。如果你認識同你認識你在認識是兩件不同的事物，那就請試一試把這兩者分隔開，並且首先認識一下沒有你在認識的認識，然後再去認識一下那種認識不到你同時也在認識的認識吧。」無疑，撇開所有那些並不值得考慮的**特殊**的認識，我們最終就達至「**自我**」的命題——這是我們最終能夠做到的抽象；但這個命題又與「**對象為我而存在**」是同一回事，並且進一步說也與「**我是主體**」是同一回事，在其中，除了赤裸裸的一個字「我」，就再也沒有其他什麼了。

這樣，我們仍然可以追問我們是怎樣才知道各種從屬於主體的認識能力的，諸如感性、

1《奧義書》，第I卷，第二〇二頁。

知性和理性，如果我們不了解主體的話。我們並不是透過我們的認識變爲我們的一個對象而認識到這些能力的，因爲這樣就將不會有關於這些能力的如此眾多的互相衝突的判斷；倒不如說這些認識能力是被推論出來的，或者說得更正確些，它們是被確立了的各個表象層次的一般表述，這些表象層次無論何時在這些認識能力中都或多或少已經被明確地區分了。但是，從作爲這些表象的條件的表象之間的必然的相互聯繫的角度，也就是從主體的角度看，這些認識能力又是從它們（表象）中抽象出來的，因而對這些表象層次的關係，恰恰與一般的主體對一般的對象的關係相同。這樣，正如對象註定同時要和主體連在一起（因爲主體這個詞除此之外就沒有任何意義），並且反過來說，正如主體註定同時要和對象連在一起一樣，於是一個東西作爲主體恰恰就意味著它具有一個對象，並且一個東西作爲對象，同說它是被主體所認識的東西是一回事。同樣，當一個對象按照**任何一種特殊的方式**作爲一種被確定的東西而假定下來時，我們也就是在假定主體恰恰是**按照同樣的特殊方式進行認識**。因此到目前爲止，不論我們說對象具有如此這般特殊的內在規定，還是說主體在如此這般的方式中進行認識，都是無所謂的。不論我們說對象被劃分爲這樣和那樣的一些層次，還是說這樣和那樣的認識能力是主體獨有的，都是沒有什麼區別的。我們甚至在亞里斯多德那種深刻與膚淺的獨特結合中，也發現了對這一眞理的精闢見解，並且在他的著作中，的確存在著批判哲學的萌芽。他說：「從某種意義上說，靈魂就是一切。」[2]並說，「知性是各種形式的形式，感性是各種感覺對象的形式。」所以，不論我們說「感性和知性已不復存在」，還是說「世界已經到了末日」，都是一個意思。不論我們說「不存在有概念」，還是說「理性已經消失，唯有動物留下」，結果也是同一回事情。

唯物主義同唯心主義之間的爭論，這在最近一個時期表現爲古老的獨斷論同康德主義的爭論，或者表現在以本體論和形上學爲一方，以超驗的美學和超驗的邏輯爲另一方之間的爭論，都產生於對這種關係的誤解，並且這種誤解是以對於我所確立的第一個和第三個表象層次的誤解爲基礎的，這就像中世紀實在論和唯名論間的爭論，是根源於對第二個表象層次的這種關係的誤解一樣。

§42　意志的主體

據前所述，我們是不能認識關於主體的認識的；主體也不能成爲對象或者表象。然而，由

2 亞里斯多德：《論靈魂》，第三卷，第八章。

於我們不僅具有一個外部（在感性知覺中）的自我認識，而且還有一個內部的自我認識；並且另一方面，由於每一種認識，就其本性來說，都假定了一個認識者和一個被認識者，所以在我們這裡要被認識的東西，就不是認識者，而是意志者，是作爲意志的主體，就是意志。在認識開始時，我們可以將「我認識」確定爲一個分析的命題，而「我決定」則相反，它是一個綜合的命題，更進一步說，它是一個後天的命題，就是說它是由經驗提供的——在這種情況下，是由內部的經驗（即僅存於時間中的經驗）所提供的。因此從這個意義上講，意志的主體是可以成爲我們的對象的。內心的反省總是作爲**意志**而呈現給我們。然而在這種**意志**中，存在著從最細微的希望到激情的許多不同程度，並且我已經多次表明，[3]不僅我們的一切情感，而且甚至所有那些包括在廣義的情感概念中的我們人類靈魂的活動，也都是意志的狀態。

於是，意志主體與認識主體的同一性，借助這種同一性「我」這個詞便包括並指明了意志主體和認識主體這兩者，這實在是世上的一個大難題，而且迄今尚未說明。由於我們只能去理解對象之間的關係；但兩個對象除非是作爲整體的部分，絕不可能是一個東西。這樣，一旦涉及了主體，我們用來認識對象的規則就不再適用了，而認識者同那作爲意識的被認識者——也就是主體和對象——之間的同一性，就**立即產生了**。所以，誰要是清楚地認識到了要解釋這種

3 見《倫理學的兩個基本問題》，德文版，第十一頁，以及其他一些地方。

同一性是完全不可能的，誰就一定會贊同我把這種同一性稱爲絕對的奇蹟。

正如知性是與我們第一表象層次相聯繫的主體，理性是與第二表象層次相聯繫的主體，純粹的感性是同第三表象層次相聯繫的主體一樣，我們發現同第四表象層次相關的主體就是內部感覺，或者說是一般的自我意識。

§43　意志·動機（目的因）的規律

正是由於意志的主體是在自我意識中直接地被給予的，所以我們不能夠去進一步規定或者描述什麼是意志；嚴格說來，意志是我們所具有的最直接的認識，而且這種認識的直接性最終必定使其他一切事實上是間接的認識得到闡明。

對於我們使自己做出的每一個決斷，或者對於我們看到別人做出的決斷，我們總是相信自己是有根據去問一個「爲什麼」。這就是說，我們假定了必定有某個發生在先而導致了決斷產生的東西，這個發生在先的東西就被我們稱爲做出決斷的理由，或者說得更確切些，稱之爲由此而來的行動的動機。離開了這種理由或者動機，這種行動對於我們來說，就像無生命的物體沒有被推拉就動起來了一樣不可理解。因此，動機是屬於原因的，並且作爲因果規律的第三種形式，它的數目和特徵在第二十節中已經被規定了。但一切因果關係都只是對象的第一個層次中的充足理由律的形式：也就是說，是由外部知覺提供給我們的有形世界中的充足理由律形式。正是這種形式組成了把各個變化彼此連接起來的鏈條，原因就成了那種來自外部的、決定每一個事件發生的東西。而這些發生的事件的內在性質則相反，它對我們都仍舊是個謎：因爲我們永遠停留在事件的外部。我們的確看到了一個原因必然地引出了結果；但是我們卻不能知道這個原因實際上是怎樣造成了這個結果，或者說我們不知道在事件的內部究竟進行了些什麼。因此我們看到了力學的、物理學的、化學的結果，以及那些由**刺激**而產生的結果，看到了這些結果都是來自於它們各自的原因，而沒有對於上述過程的全面理解，這一過程的本質的部分對我們來說卻依舊是個謎；於是我們便把它歸因於物體的質，歸因於自然力，歸因於生命力，然而這些東西都完全是一些隱祕的質；至於我們對動物和人類的活動和行動的理解也不會有什麼起色，因爲這些活動和行動在我們看來也會似乎是以某種不可解釋的方式由它們的原因動機所引起的；假如我們在這裡獲得的理解還不是對這個過程的內在部分的透澈理解的話，也就是說，假如我們還沒有借助於我們自身的內部經驗而認識到這是一種由動機所喚起的存在於純粹的表象中的意志的行動的話。這樣，由動機造成的結果就與由其他一切原因造成的結果不同，它不僅被我們從外部按照一種單純間接的方法來認識，而且同時也被我們從內部，按照完全直接的方法，因而是按照它整個的行動方式來認識。我們就好像是站在舞臺的後面，去領會使原因按它最內在的本性而生出結果的過程的祕密；因爲在這裡，我們是透過一種完全不同的途徑，按一種完全不同的方式獲得認識的。由此我們得出了一個重要的命題：**動機（動因）的行動**是從內部觀察到的因果關係。因此在這裡，因果關係是按照一種十分不同的方式，透過一種十分不同的媒介，並且是作爲一種十分特殊的認識而把自己呈現出來；所以它現在必定是作爲充足理由律的一種特殊的和專門的形式而展示自身，這種形式也就作爲行動的充足理由律，或者更簡單些說，作爲**動機的規律（動因的規律）**而把自身呈現出來。

順便說一下，作爲我的哲學的總的線索，主體對象的第四個層次，即其中包含有一個對象，包含有我們從我們內部來理解的**意志**的層次，它與第一個層次的對象間的關係，同我在第二十節中已經論述過的動機的規律與因果規律間的關係是相同的。這個眞理是我的全部形上學的基石。

關於動機的活動方式以及這種活動所遵循的必然性，關於這些動機的活動對經驗的、個體的特性的依賴，甚至對個體的認識能力的依賴，等等，我請讀者參閱一下我關於意志自由的獲獎論文，我在其中對這個問題做了更爲充分的論述。

§44 意志對於認識的影響

當理智驅使自己去重複以前曾經獲得的表象，並且當理智一般地按這樣或那樣的傾向轉變自己的注意力並且按照自己的意願去喚起任何一系列特殊的思想時，意志對理智所施加的影響，並不是以狹義的因果關係爲基礎，而是正如在第四十二節中所表明的，是以認識主體與意志主體的同一性爲基礎的。並且就是在這種情況下，意志也是由動機的規律所決定，按照這一規律，意志還悄悄地支配著所謂觀念的聯想，我在我的主要著作第二卷中，曾用專門的一章（第十四章）探討了這個問題。這種觀念的聯想本身不過就是把充足理由律的四種形式運用於主體的思維過程，也就是說，運用於我們意識中的表象的呈現。然而，正是個體的意志透過驅使理智按照個人的興趣，也就是按照個體的目的，連同理智呈現的各種表象，去回想起那些按照邏輯或類比推理，或者根據時間或空間中的近似性而與這些目的緊密相聯的東西，從而使整個機制都動起來了。但是，在這種情況下，意志的活動是如此的直接，以至於在絕大多數的場合我們不能對它有清晰的意識；它又是如此迅速，使得我們甚至經常意識不到由此而喚起了表象的時刻。在這些情況下，意志的活動就好像是與其他任何東西毫無聯繫似的而獨立出現在我們的意識之中；然而這都是不可能的，這恰恰就是充足理由律的根據，在上面提到過的我的主要著作[4]的章節中，我對這已經做了充分的論述。每一幅突然呈現在我們想像中的圖畫，每一個即使不是來自於在先出現的理由的判斷，都必定是被一個具有動機的意志的活動所喚起的；儘管也許這個動機經常是由於沒有什麼意義而從我們的知覺中溜掉，儘管這種意志活動也常常同樣是未被知覺的，因為這種活動的產生是如此的順利，以至於希望與滿足成了同時的。

§45　記憶

表象越是經常地被提供給了認識主體，認識主體也就能夠更為順利地按照自己的意志去重複這些表象，認識主體的這種特殊的能力，換句話說，這種經過訓練的能力，就是我所說的**記憶**。我不能贊同那種通常的觀點，根據這種觀點，記憶被看成是一種倉庫，我們總是照自己的意願向裡面儲存現成的表象材料，而又並不總是意識到去占有這些材料。對一度已經呈現過的表象的有意重複，透過實踐，就會變得如此的簡便，以至於一系列表象中的某一個環節只要

4《作為意志和表象的世界》，第二卷，第十四章。

呈現在我們面前，我們甚至經常就好像是無意識地似的立刻喚起了其餘的一切環節。如果要爲我們這種表象能力的特殊性質尋找一個比喻（例如柏拉圖的比喻，他把這種表象能力比作一種接受和保留印象的柔軟物體），我想最好就是把它比作一塊布，這塊布在按相同的皺摺被反覆折疊之後，就會自動地進入了這些好像它本身就有的皺摺。身體透過實踐去學習服從於意志，表象的能力也恰恰如此。一個記憶並不像那種通常的觀點所假定的，始終是把同一個表象好像是從它的倉庫中一次又一次地取出，相反，每時每刻都有新的表象發生，只是實踐使這種發生變得特別容易。因此，便發生了這樣的情況：我們想像的一些圖畫，這些圖畫我們自以爲是已經儲存到我們的記憶當中，卻不知不覺地被修改了，就是說，當我們過了很長時間重又看到了我們很熟悉的一個對象時，我們發現它不再同我們所想像的完全一致了。而如果我們還保留著原來的表象，事情就不會是這樣。也正是由於這個原因，已經獲得的認識如果不去溫習，就會漸漸地從我們的記憶中消失，因爲記憶恰恰是對習慣和技巧進行實踐的結果；所以，例如大多數學者就忘記了他們的希臘語，而絕大多數藝術家從義大利回來後，也就忘記了他們的義大利語。這也就是爲什麼我們發現，對我們以前熟悉的一首詩，如果有幾年工夫我們不再想到它，那麼要回憶起這首詩的名字或者其中的一行是多麼困難，然而一旦我們成功地記憶起了這首詩，我們也就能夠在一段時間內隨意地再把它想起，因爲我們重又實踐了，因此每一個懂得幾種語言的人，經常地朗讀每一種語言對他將是很有好處的，這就可以保證使他占有這些語言。

同樣，這也說明了爲什麼童年時期在我們周圍發生的事物和事件給我們的記憶留下了如此深刻的印象，因爲在童年時期，我們只具有少量的，並且主要是直覺的表象：這樣我們就只得不斷地重複這些表象以便占有它們。缺乏創造性思維能力的人一生都在做著這種重複（不僅是重複直覺的表象，而且也重複概念和文字）；因此當理智上的遲鈍和懶惰還不成爲障礙時，他們往往有著驚人之好的記憶力。相反，天才人物並不總是具有著最好的記憶力，例如盧梭告訴我們他本人記憶力就不是最好的。這也許可以解釋爲天才人物太富於新思想和聯想，使得他沒有去經常重複的空暇。然而總的來看，我們很少發現有天才人物的記憶力是非常之壞的，因爲在這裡，整個思維能力更大程度的有力和靈活彌補了不斷實踐的缺乏。我們也一定不要忘記，繆斯的母親就是記憶力的人格化。因此我們可以說，我們的記憶是處在兩種彼此鬥爭著的勢力的影響之下，一方面是表象能力的能量，另一方面則是占據著這種能力的表象數量。表象能力中的能量越小，表象的數量必定也就越少，反之，表象的數量就越多。這也就說明了那些讀慣了小說的人的記憶力的減弱，因爲在他們那裡和天才那裡一樣，大量的表象如此迅速地接踵而來，以致他們沒有時間或者沒有耐心去重複和實踐這些表象；只是小說中的表象並不是讀者本人的，而是別人的一些彼此迅速相繼的思想和聯想，而且讀者本人缺乏天才人物對於重複的補償。此外，還有待於整個加以糾正的事情就是，我們對自己感興趣的事情記住得最多，而不感興趣的則記住得最少。因此，偉大的人物易於在一個令人難以置信的短暫的時間內，就忘掉那些微不足道的小事，忘掉日常生活中的瑣事和他與之打交道的普通人，而對於那些本身是重要的並且對他們來說也是重要的事情，他們又能奇蹟般地回憶起來。

然而總的來說，不難理解的是，我們去記住那些由一種或數種前述的理由與後果的線索而聯繫在一起的一系列表象，比記住那種彼此間毫無聯繫，而只是具有遵循於動機規律的意志的表象，要更容易些；就是說，要比記住那些任意地聚集在一起的表象容易些。因爲在前者那裡我們先驗地認識了形式的部分這一事實，就把困難解決了一半；而這也許就產生了柏拉圖的學說，柏拉圖認爲一切學習都不過是記憶而已。

只要有可能，我們就應當力圖把所有我們希望在記憶中具體化的東西，還原爲可知覺的想像，不論是用直接的方法，還是用舉例，用單純的比喻，還是用類比或者什麼別的方法；因爲直覺的知覺掌握起來，要比抽象的思想牢固得多，更不用說單純的文字了。這就是爲什麼我們對自己親身經歷過的事情要比我們讀過的那些事情，有著好得多的記憶。

第八章　總的論點和結論

§46 體系的順序

在本書中我對充足理由律各種形式的論述所採用的順序，並不是很成體系的；我所以選用這種順序，爲的是要使論述更爲清晰，爲的是能夠首先提出那較易於認識並且不需要其他前提的東西。在這裡，我遵循了亞里斯多德的原則：「有時候，學習也必須不是從有關事物的眞正起點和現實開端開始，而是從最容易學習的地方開始的。」[1] 而理由的各個層次的相繼出現所應當遵循的體系順序有如以下。首先出現的應當是存在的充足理由律，而在這裡面又首先應當是它在**時間**上的運用，因爲時間是一個簡單的結構，它僅僅包含在充足理由律所有其他形式中本質的東西，而且也因爲時間是一切有限世界的原型。然後是論述關於空間中的存在的理由，接下來將是因果規律，因果律之後將是動機規律，最後就是認識的充足理由律；因爲其他層次的理由涉及的是直接的表象，而這個最後層次則涉及那些來自於其他表象的表象。

如上所述，時間是一種簡單的結構，它只包含一切充足理由律形式中的本質部分，這一眞理說明了算術的絕對完滿的清晰和精確的特點，這是其他任何科學都不能與之媲美的。一切科

1 亞里斯多德：《形上學》，第四卷，第一章。

學都始終貫穿著理由與後果的統一，它們都是以充足理由律爲基礎的。這樣，數目的序列便是簡單的並且僅僅在是時間中的存在的理由和後果的序列；由於這種完滿的簡潔性——沒有任何東西被省略，也沒有任何未確定的關係留下來——不能期望在這個序列中存在任何在精確性、邏輯的必然性和清晰性上的不足。在這一點上，一切其他科學都排在算術的後面；甚至幾何學也是如此：在幾何學中，來自於三維空間中的關係是如此之多，以至於要提綱挈領地理解這些關係，不僅對純粹的直覺來說，就是對經驗的直覺來說也是太困難了；因此，複雜的幾何學問題只有靠計算來解決；就是說，幾何學只有在算術中，才能使自己本身的問題迅速解決。至於各式各樣晦澀難懂的要素在其他科學中的存在，就更不必提了。

§47　時間中的理由與後果關係

按照因果律和動機律，在時間中，一個理由必定先於它的後果。我在我的主要著作中已經表明這裡最爲重要的本質，現在請讀者參考一下這本書，[2]以免我自己再把它重複一遍。因

2　見《作為意志和表象的世界》，德文第二版，第二卷，第四、四十一、四十二頁；第三版，第四十四頁。

此，如果我們注意到，不是一件事物是另一件事物的原因，而是一種狀態是另一種狀態的原因，我們就不會讓自己被康德的所提出的那種例子[3]引入歧途。康德舉例說，作爲使屋子變暖和的原因的爐子，是與結果同時發生的。而爐子的狀態則是：爐子比它周圍的媒介更熱一些，它必定是在把自己的餘熱同周圍媒介進行交換以前就存在了；這樣，由於每一份空氣介質在變熱的時候，都爲較冷介質的衝入開闢了道路，所以，直到爐子的溫度與屋子的溫度最終達到相等以前，第一個狀態即原因，與第二個狀態即結果，都是不斷地被更新著。因此在這裡，作爲同時發生的事件，不存在任何不變的原因（爐子）和不變的結果（屋子的變暖），而只存在著一個變化的鏈條；就是說，只存在著兩種狀態的不斷更新，其中的一個是另一個的結果。從這個例子我們顯然可以看出，甚至康德的因果關係概念也是很不清楚的。

而另一個方面，認識的充足理由律本身則認爲，在時間中並無關係可言，關係僅僅是對我們的理性而言的：因此在這裡，「**以前**」和「**以後**」是沒有意義的。

存在的充足理由律，就它是幾何學的根據而言，這裡同樣不存在任何時間中的關係，在這裡，而僅僅存在著空間中的關係，如果共存和連續這些字眼還不是毫無意義的話，我們在這裡就可以說，一切事物都是共存的。相反，在算術中，存在的理由恰恰就是時間本身的關係而不

---

3 康德：《純粹理性批判》，德文第一版，第二〇二頁；第五版，第二四八頁。

能是任何別的東西。

§48　各種理由之間的相互作用

根據充足理由律的每一種含義都可以建立起假言三段論，因爲，每一種假言三段論的確都最終是以充足理由律爲基礎，並且在這裡，假言推論的法則也始終是有效的，這就是說：從理由的存在推論出後果的存在，並從後果的不存在推論出理由的不存在，這樣做就是正確的；而如果從理由的不存在去推論出後果的不存在，以及從後果的存在去推論理由的存在，這樣做就是錯誤的。然而奇怪的是，在幾何學中，我們卻幾乎總是能夠從後果的存在去推論理由的存在，並從理由的不存在去推論後果的不存在。這種情況是來自這樣一個事實，如我在第三十七節中已經表明的，例如每一條線都決定著其餘的線條的位置，因而我們從哪裡開始是完全無關緊要的；這就是說，從我們認爲是理由的地方或認爲是後果的地方開始是完全無關緊要的。我們透過對整個幾何學命題做一番考察，就很容易確信這一點。只有在當我們不僅要處理圖形，即線條的位置，而且要撇開圖形處理平面內容時，我們才發現在大多數場合，要從後果的存在去推論理由的存在是不可能的，或者換句話說，透過把決定者變成被決定者而進行命題轉換是不可能的。下面的定理便提供了一個例證：如果兩個三角形的高相等並且底邊相等，那麼它們的面積也就相等。但這一定理不能做如下的轉換：如果兩個三角形的面積相等，那麼它們就有著同樣相等的底邊和高；這是因爲，當面積相等時，高和底邊可以處於反比例關係中。

在第二十節中就已經表明，既然結果永遠不能成爲自己原因的原因，因果規律就不容許有相互作用存在；因此正確說來，相互作用的概念是不能接受的。依照認識的充足理由律，相互作用只有在等値的概念中才是可能的，因爲只有這種概念的外延才能互相包含。除此之外，相互作用就只能產生出惡性的循環。

§ 49　必然性

透過自身的全部形式而體現出來的充足理由律，是一切必然性的唯一原則和唯一依據。因爲**必然性**除了指當理由被確定下來時，後果的絕對可靠性外，就別無其他眞實和明確的含義。所以每一種必然性都是**被規定**的必然性：絕對的，即未被規定的必然性因而也就是一個自相矛盾（*contradictio in adjecto*）。因爲**必然的東西**只能是由既定理由而來的後果，而絕不能是別的任何東西。另一方面，如果我們把必然性規定爲「不可能不是這樣的東西」，那就是在爲它提出了一個純粹字面上的定義，並讓自己躲在最爲抽象的概念後面以回避對事物做出規定。但是，既然一切存在都只是由經驗提供的，那麼我們探討一下任何事物的不存在是如何可能的，甚至是如何可被設想的，就不難把自己從這種字面定義的避難所裡趕出來。這樣，只有這樣那樣的**理由**被確定下來或者呈現了，由此而來的必然性才有可能產生。於是，「這是必然的」和「這是隨某一既定理由而來的」，是兩個可變換的概念，並且總是可以用其中一個去替換另一個。對那些僞哲學家來說是如此有利的「**絕對的必然存在**」這個概念，因而自身就包含了一個矛盾：它透過述詞「**絕對**」（即不爲其他任何東西所決定）而取消了使「**必然**」可以被設想的唯一規定。這樣，我們就又再次得到了一個爲賣弄形上學的花招而**濫用抽象概念**的例證，它就和我在諸如「**非物質的實體**」、「**絕對理由**」、「**一般原因**」等概念[4]中已經指出的那種形上學花招的賣弄一樣。我絕不會過分地堅持一切抽象的概念都是受**知覺**制約的。

與充足理由律的**四種**形式相一致，存在著一個**四重的**必然性：

1. 依照於認識的充足理由律的**邏輯的必然性**。根據這種必然性我們一旦承認了一個前提，我們就必須完全承認它的結論。

4 關於「非物質的實體」，參見《作為意志和表象的世界》，德文第二版，第一卷，第五五一頁以下；第二版，第五八二頁以下。關於「絕對理由」，見本書第五十二節。——編者

2. 依照於因果規律的**物理學的必然性**。根據這種必然性，只要一個原因把自身呈現出來，必定就有結果確定無疑地相伴隨。

3. 依照於存在的充足理由律的**數學的必然性**。根據這種必然性，在一個眞實的幾何學定理中所表述的每一種關係，都是由該定理而證實其爲然的，並且每一個正確的計算都保持著無可辯駁的性質。

4. **道德的必然性**。根據這種必然性，只要一個動機把自身呈現出來，每一個人，甚至每一個動物，都**不得不**去做與生物個體的固定不移的本性相符合的事情。因此，這種行動是跟隨著它的原因而出現的，就像其他任何結果一樣確實可靠，雖然在這裡，指出這是一種什麼樣的結果不像在其他場合那麼容易，因爲我們很難推測和全面認識個體經驗的特性及其固有的認識範圍，這的確與我們查明中性鹽的化學性質以及斷定它的反應式，是一件完全不同的事情。我必須反覆強調這一點，因爲一些傻瓜和笨蛋，爲了他們那種老太婆哲學的利益，在向如此眾多的大思想家一致同意的權威挑釁時，還在魯莽地主張著與此相反的論點。我不是哲學教授，的確，我應當尊從他人的愚蠢。

§50 理由和後果的序列

按照因果律，決定者本身也總是被決定的，並且，被決定者同樣也總是決定者；因此，從「之前」的方面看，便產生了一個無限的序列。這同空間中的存在的理由恰好是一樣的：每一個相對的空間都是一個圖形；這個圖形有著自身的界限，它透過這些界限而同另外一個相對的空間聯繫起來，並且這些界限本身又決定著另一個這樣的圖形，如此類推而無限地貫穿於所有維度。但是，當我們考察一個單個的圖形本身時，原因和結果的序列就有了終點，因為我們是從一個既定的關係開始，這就像如果我們隨意地在任何一個特殊原因那裡止住，原因的序列就達到了一個終點一樣。在時間中，由於每一個時刻都是由前一個時刻所決定，並且每一個時刻都必然地會產生出以後的時刻，所以存在的理由的序列從「之前」和「之後」這兩方面來說都是無限地延伸的。因此時間既沒有起點，也沒有終點。另一方面，認識的理由的序列——即一個判斷的序列，其中每一個都為另一個提供了邏輯的眞理——卻總要在某一個地方終止，就是說，不是在經驗的眞理中終止，就是在超驗的眞理中終止，再不然就是在超邏輯的眞理中終止。如果我們到達的作為大前提的理由是一個經驗的眞理，並且如果我們還繼續追問**為什麼**，這時候，我們所問的就不再是我們所要求的認識的理由，而是一個原因——換句話說，認識的理由的序列就過渡到了生成的理由的序列。但是如果我們的做法相反，就是說，如果我們讓生成的理由的序列過渡到認識的理由的序列，以便使生成的理由序列達到一個終點，那麼這就絕不會是由事物的本性，而總是由一個特殊的目的所造成的：因此這是一個騙局，並且這是以本體論證明的名稱而爲詭辯論所熟知的。因爲當一個原因借助於本體論證明看來是如願以償地停頓下來以便使自己成爲**第一**原因時，它就會發現，因果規律卻不會這樣容易地就停頓下來，它還在堅持追問著「**為什麼**」：於是，這第一原因就被簡單地拋到了一旁，並且一種從遠處看與它頗爲相像的認識的充足理由律便取它而代之；這樣，認識的理由便占據了那被追問著的原因的位置——這是一個來自於本身還有待證實的概念的認識的理由，因而它的眞實性是尙有疑問的：而且，由於這種認識的理由畢竟是一個理由，這樣它也就必須表現爲一個原因。當然，這個概念是爲了這種目的事先就安排好了的，並且僅僅是爲了面子而把點綴上了一點小零碎的眞實性置入其中，以便造作出在這個概念中發現了眞實性時的那種驚喜——正如在第七節中就已表明的那樣。另一方面，如果一個由判斷構成的鏈條完全是以超驗的或超邏輯的原則爲基礎，並且我們依然繼續追問「**為什麼**」，我們最終就會得不到任何回答，因爲問題本身就毫無意義，也就是說，它不知道它所追問的究竟是哪一種理由。

充足理由律是**一切解釋的原則：對一件事物加以解釋**意味著把它的既定存在或者聯繫歸結爲充足理由律的這樣那樣的形式，這種存在或聯繫依照充足理由律的形式而成爲其所必然是的東西。而充足理由律本身，即借助於充足理由律並在充足理由律的任何一種形式中而表達的聯繫，卻因此而不能再做更進一步的解釋；因爲並不存在可以用來解釋一切解釋的根源的原則，這就像眼睛雖然能夠看到一切事物，但卻看不到自己本身一樣。當然，動機的序列是存在的，因爲要達到一個目的的決斷變成了決意使用整個一系列手段的動機，然而這個序列必然先驗地在屬於我們前兩個層次之一的一個表象那裡終止，這裡是具有最初使屬於前兩個層次之一的個體意志活動起來的力量的動機之所在。動機能夠使個體的意志活動起來這個事實，是這裡提供的去認識經驗特徵的一個材料，但是要回答爲什麼一個特殊的動機會對一個特殊的經驗特性發生影響的問題是不可能的；因爲理智的特性是處於時間之外，並且永遠不能成爲對象。因此，動機的序列本身就在某個這種最終的動機中找到了自己的歸宿，並且按照其最後的環節的性質，或者轉變成爲原因的系列，或者轉變成爲認識的理由的序列：這就是說，當最後的環節是一個眞實的對象時，動機的序列就轉變爲因果的序列；而當最後的環節是一個單純的概念時，動機的序列就轉變成了認識的理由的序列。

§51 每一科學都具有某種居優先地位的充足理由律形式，以此作為它的指導性線索

由於「**為什麼**」這個問題總是要求有一個充足的理由，也由於「爲什麼」這個問題使概念按照把科學與觀念的單純堆積區分開來的充足理由律而聯繫起來，所以我們把「**為什麼**」稱作

一切科學之母（第四節）。而且我們還發現，在每一科學中，都有著某種處於主導地位的充足理由律形式作爲這門科學的指導性線索。這樣，純數學中的主要的指導性線索就是存在的理由（儘管數學證明的展示僅僅是按照認識的理由而進行的）；因果規律與存在的理由看來都是應用數學中的主要的指導性線索，但是在物理學、化學、地質學等等學科中，則是因果規律完全起主導作用。從認識的方面看，充足理由律得到了遍及一切科學的強有力的運用，因爲在一切科學中，特殊都是透過一般性被認識的，而在植物學、動物學、礦物學和其他的分類科學中，作爲主要的指南並且絕對居主要地位的又是特殊。當我們把一切動機和行動準則，不管是什麼樣的動機和準則，都看作是對行動進行解釋的材料時，動機（**動因**）的規律就成了在歷史學、政治學、符號運用學等學科中的主要的指導性線索——而當我們從動機和行爲準則的起源和價値的角度而把它們當作研究的對象時，動機規律又成了倫理學的指導性線索。在我的主要著作中將可以找到根據充足理由律而對各門科學所做的最重要的分類。[5]

---

5 見《作為意志和表象的世界》，德文第二版，第二卷，第十二章，第一二六頁；第三版，第一三九頁。

§ 52 兩個基本結論

我在本書中力圖表明，充足理由律是一種通用的表達方式，它代表了四種完全不同的關係，其中每一種關係都依據於一個先驗地被給予的特殊規律（充足理由律是一個先天綜合原則）。這樣，按照**歸同法則**，我們不得不假定：借助分異法則而發現的這四條規律，由於它們可以被同一個術語而一致地表達出來，因此它們必然來自我們整個認識能力的同一個原始性質，這種原始性質作爲它們共同根源的來源，必然是作爲其共同根據的我們整體的認識能力。我們因而也就必須把這種原始性質看成是我們意識對象的一切依賴性、相對性、暫時性和有限性的最內在的根源——而我們意識本身又受到感性、知性、理性、主體和對象的制約——或者，必須把這種原始性質看成是這樣一個世界最內在的根源，這個世界被天才的柏拉圖曾反覆地貶斥爲「老是產生和消逝，其實卻永遠沒有存在」，而對這個世界的認識，按照那種被我規定爲是一切有限性的最簡單的結構和原型的充足理由律形式（時間），則是一個單純的「憑藉無理性知覺的觀念」，[6]基督徒憑藉正確的直覺，把這個世界稱爲非永恆的**塵世**。總的說來，

---

6 柏拉圖：《蒂邁歐篇》，第五章。

充足理由律的基本含義可以還原爲：不論時間還是空間中存在的每一事物，都是**以其他事物為理由**而存在的。然而，充足理由律在自身的一切形式中都是一個先驗的東西：這就是說，它的根源存在於我們的理智之中，因此，它絕不能被用之於現存事物的總體、不能被用之於宇宙，包括使充足理由律得以在其中把自身呈現出來的理智。因爲像這樣一個借助於先驗形式而使自己呈現出來的世界，恰恰因此而是一種單純的現象；所以，作爲這些先驗形式的結果而適用於這個現象的東西，卻不能用之於這個世界本身，即不能用之於自在之物，以及這個世界的表象本身。因此我們不能說，「現象中的世界和萬物是以其他的事物爲理由而存在的」，這個命題恰好就是宇宙論的證明。

如果我透過本書而成功地得出了上述結論，那麼在我看來，每一個根據充足理由律做出結論或者多少提到了充足理由律的思辨哲學家，都必須區分出他所謂的理由到底是哪一種。假如一個人設想任何時候每一個問題都總有一個理由，那麼這是理所當然的，並且一切混亂也就因此而成爲不可能。然而，我們屢見不鮮的卻是把理由和原因這兩個術語不加區別地混淆使用；我們充塞於耳的是一般地談論什麼基礎的和被建立的、決定的和被決定的，原則和根據原則的，而無任何更進一步的規定。這也許是由於存在著一種私下的看法，認爲這些概念的使用是沒有一定之規的。因此，就連康德也把自在之物說成是現象的**理由**或根據，他講到一切現象的

可能性的根據或理由，[7]講到現象的**可理解的理由或可理解的原因**，講到一般的感性序列的可能性的一個**不可認識的理由**，[8]講到作爲一切現象的根據的**超驗對象**，以及我們的感性爲什麼應當以這個先驗對象而不是以別的東西爲最重要的條件的**理由**，[9]如此等等不一而足。在我看來，所有這一切都與康德那些重要而深刻，而且是不朽的言論[10]並不相符合的，他說過，事物的偶然性[11]本身是一種單純的現象，並且只能導向決定現象的經驗的復歸。

既然自從康德以來，理由和後果、原則和根據原則的東西等等概念就已經並一直在較爲不確定甚至是在超驗的意義上被使用著，那麼大家就一定知道，近來有關哲學的著作對康德是了解的。

下面是我對這種亂用**根據**（理由）這個字眼，以及由此而來的亂用充足理由律的一般含義而進行的反駁；這也就是本文提出的同第一個結論密切相關的第二個結論，它涉及的是這個

---

7 康德：《純粹理性批判》，德文第一版，第五六一、五六二、五六四頁；第五版第五九〇頁。

8 同上書，第一版，第五四〇頁；第五版，第五九二頁。

9 同上書，德文第五版，第六四一頁。

10 同上書，德文第一版，第五六九頁；第五版，第五九一頁。

11 在康德看來，經驗偶然性的意思是指它本身也同樣依賴於其他的事物。關於這一點，請讀者參閱我的〈康德哲學批判〉，德文第二版，第五二四頁；第三版，第五五二頁中我所做的有關批判。

結論的主體內容。我們認識能力的四種規律，由於它們共同的特徵，也由於主體的全部對象都在它們之中被劃分，而以充足理由律作爲它們共有的表達。認識能力的這四種規律表明，它們本身是被同一個我們認識能力的原始性質和內在本性所規定的，這種能力把自己表現爲感性、知性和理性。因此，假使我們設想產生一個新的第五個層次的對象是可能的，那麼在這種情況下，我們就同樣必須假定充足理由律將以一種不同的形式在這一層次中出現。但儘管如此，我們依然無權去談論什麼**絕對的理由**，而且就像不存在什麼**「一般的三角形」**一樣，作爲借助於推論反思而得到的**「一般的理由」**（根據）的概念也是不存在的，這種概念作爲來自於其他表象的表象，也不過就是將許多事物合而爲一的思維手段。於是，正如每一個三角形不是銳角的，就是直角的，再不然就是鈍角的，或者不是等邊的，就是等腰的，再不然就是不等邊的一樣，每一個理由都必定是屬於我所提出的四種可能的理由中的一種。並且，既然我們只有四個做出了明確劃分的對象層次，並且此外就不可能還有什麼層次，理由本身也就只能把自己列入這四個層次之內，理性本身也就只得把自己列入這四個層次之內；因爲只要我們運用了一個理由，我們就假定了有四個層次和進行表象的能力（即世界整體），並且必須把我們自己限制在它們的範圍之內，而不能超越它們。然而，假使有人用不同的眼光來看待這個問題，並且認爲**「一般的理由」**不過就是一個來自於這四種理由並體現了它們的共同性的概念，那麼，我就要重提唯實論和唯名論的爭論，並且我自己將要站在後者的立場上。

人名索引

五畫
比格爾 Bürger 160
史密斯 Robert Smith 82
史萊馬赫 Schleiermacher 156
布朗 Thomas Brown 52
布魯努斯 J. Brunus 139
弗里斯 Fries 13, 73, 122
弗羅倫斯 Flourens 98

六畫
伊庇查謨斯 Epicharmus 99, 100
伊倫諾斯 Irenäus 24
伏爾泰 Voltaire 67
休謨 Hume 29, 30, 104, 116, 118, 120, 136
安瑟倫 Anselm 15
米憐 Milne 169
米蘭朵拉 P. de Mirandula 139
米蘭希頓 Melanchthon 139
艾伯哈爾德 Eberhard 31

七畫
佛朗茲 Franz 97
克蘭漢斯 Joseph Kleinhaus 83
沃爾夫 Wolf 7, 26, 27, 28, 33, 52
狄德羅 Diderot 77
貝克萊 Berkeley 30, 46
亞里斯多德 Aristotle（德文：Aristoteles） 6, 10-12, 14, 15, 17, 22, 34, 115, 124-127, 135, 138, 139, 178, 188, 189, 200

八畫
刻卜勒 Kepler 91
拉姆伯特 Lambert 28
拉普拉斯 Laplace 61
波旁那蒂尤斯 Pomponatius 139
波菲利 Porphyrius 100
波墨 Jakob Böhme 23, 24, 163
阿里斯多芬 Aristophanes 150
阿基米德 Archmedes 69
阿普留斯 Apulejus 138

九畫

哈斯拉姆 Haslam 98
施密特 I. J. Schmidt 166, 167
柏拉圖 Plato 2, 3, 6, 10, 124, 151, 177, 178, 196, 198, 211
洛克 Locke 103, 107, 156, 157

十畫

哥白尼 Copernicus 116
席勒 Schiller 16
恩披里柯 Sextus Empiricus（德文：Sextus Empirikus） 13, 124
格里尤斯 Gellius 124
桑格曼諾 Sangermano 166
桑德森 Saunderson 77
泰勒 J. Taylor 165
特魏斯頓 Twesten 13
索緒爾 Saussure 93
馬勒伯朗士 Malebranche 46
馬基維利 Machiavelli 71

十一畫

培根 Bacon 56
培爾 Bayle 127
康德 Kant 2, 3, 4, 17, 27, 28, 30-33, 42, 45-47, 53, 55-59, 61, 62, 67, 68, 101, 105-107, 109, 111-126, 136, 137, 144, 148, 149, 152, 156-159, 162-164, 169, 170, 173, 179, 189, 202, 212, 213
笛卡兒 Descartes 14, 18, 19, 21-23
第歐根尼・拉爾修 Diogenes Laertius 100
荷馬 Homer 122
許克 Hueck 91
郭實獵 Gützlaff 169
麥蒙 Salomon Maimon 32

十二畫

凱斯特內爾 Kästner 82
凱斯維特 Kiesewetter 31
凱薩庇努斯 Caesalpinus 86

勞克　Eva Lauk　77
斯特拉頓　Straton　100
斯賓諾莎　Spinoza　18-23, 48, 64, 67
普利斯特列　Priestley　67
普拉特那　Platner　28, 33
普拉圖斯　Plautus　37
普魯塔克　Plutarch　10, 99, 168
普羅米修斯　Prometheus　165
舒爾策　G. E. Schultze　13, 32, 121
菲德爾　Feder　121
萊布尼茲　Leibnitz　25, 47, 117, 118, 127
萊登福洛斯特　Leidenfrost　179
費希特　Fichte　109, 110
雅各比　F. H. Jacobi　32, 150, 162, 164
雅各布　Jakob　31, 33
黑格爾　Hegel　序 2, 17, 22, 55, 56, 109, 150, 151, 156, 164

十三畫

塔里蘭特　Talleyrand　5
塞內卡　Seneca（德文：Seneka）　序 1
塞根　Séguin　90
雷馬魯斯　Reimarus　13, 28

十四畫

歌德　Goethe　54, 56, 92, 138, 161
瑪斯　Maass　31
瑪爾庫斯　Marcus　32
豪賽爾　Caspar Hauser　97
維薩雷斯　Vesalius　86
赫希俄德　Hesiod　71
赫拉克利特　Heraclitus　168
赫爾巴特　Herbart　156
赫爾德　Herder　179
德・比蘭　Maine de Biran　64

十五畫

歐幾里得　Euclid（德文：Euklid）　177, 180-184

亞瑟・叔本華　年表

Arthur Schopenhauer, 1788-1860

年代	生平記事
一七八八年	二月二十二日，出生於德國城市但澤（Gdańsk，當時的一部分，今波蘭格但斯克）。父親是富商，母親是知名作家。
一七九七年	被派往勒阿弗爾（Le Havre）與父親的商業夥伴格雷戈爾（Grégoire de Blésimaire）的家人一起生活兩年。學會流利的法語。
一八〇二年	叔本華閱讀讓·巴底斯特·羅范·德·高烏雷的《福布拉騎士的愛情冒險》。
一八〇三年	叔本華根據父親的意願決定不上文科學校學習，決定將來不當學者。開始長達數年的旅行，周遊荷蘭、英國、法國和奧地利，並開始學商。 六月－九月，叔本華在溫布爾登的住宿學校學英語。
一八〇五年	父親在漢堡的家中因運河溺水而死。但叔本華和他的妻子認為是自殺，且將之歸罪於其母親，加上生活衝突，叔本華一生和母親交惡。
一八〇九年	離開威瑪，成為哥廷根大學（University of Göttingen）的學生。最初攻讀醫學，但後來興趣轉移到哲學。在一八一〇－一八一一年左右從醫學轉向哲學，離開了哥廷根大學。
一八一一年	冬季學期抵達新成立的柏林大學。並對費希特和史萊馬赫產生濃厚興趣。 以《充足理由律的四重根》（*Über die vierfache Wurzel des Satzes vom zureichenden Grunde*）獲得博士學位。歌德對此文非常讚賞，同時發現叔本華的悲觀主義傾向，告誡說：如果你愛自己的價值，那就給世界更多的價值吧！ 將柏拉圖奉若神明，視康德為一個奇蹟，對這兩人的思想相當崇敬。但厭惡後來費希特、黑格爾代表的思辨哲學。

年代	生平記事
一八一三年	博士論文《充足理由律的四重根》，第二版一八四七年出版。 十一月，歌德邀請叔本華研究他的色彩理論。雖然叔本華認為色彩理論是一個小問題，但因他已接受了邀請。這些研究使他成為他在認識論中最重要的發現：找到因果關係的先驗性質的證明。
一八一四年	五月離開威瑪，搬到德勒斯登（Dresden）。
一八一六年	出版《論視覺和顏色》（*Über das Sehen und die Farben*），又將其翻譯成拉丁文。
一八一七年	在德勒斯登。與鄰居克勞斯（Karl Christian Friedrich Krause，試圖將自己的想法與古印度智慧的想法結合起來的哲學家）結識。叔本華從克勞斯那裡學到冥想，並得到了最接近印度思想的專家建議。
一八一八年	出版代表作《作為意志和表象的世界》（*Die Welt als Wille und Vorstellung*，以下簡稱 WWV）第一版，作為叔本華最重要的著作 WWV 的第二版在一八四四年出版。發表後無人問津。第二版在第一版一卷的基礎上擴充為兩卷，叔本華對第一卷中的康德哲學批評進行了修訂，第二卷增加了五十篇短論作為對第一卷的補充，第三版經過小幅修訂之後，在一八五九年出版。 叔本華說這本書：「如果不是我配不上這個時代，那就是這個時代配不上我。」但憑這部作品他獲得了柏林大學編外教授的資格。
一八三一年	八月二十五日，柏林爆發霍亂，本來打算與當時的戀人一起離開柏林，但遭對方拒絕，兩人分道揚鑣，叔本華獨自逃離柏林。同年十一月十四日黑格爾因霍亂死於柏林。
一八三三年	移居法蘭克福。

年代	生平記事
一八三六年	出版《論自然中的意志》（*Über den Willen in der Natur*）：第二版，一八五四年出版。
一八三七年	首度指出康德《純粹理性批判》一書第一版和第二版之間的重大差異。
一八四一年	出版《倫理學的兩個基本問題》（*Die beiden Grundprobleme der Ethik*），內容包括一八三九年的挪威皇家科學院的科學院褒獎論文〈論意志的自由〉）（Über die Freiheit des menschlichen Willens）和一八四〇年的論文〈論道德的基礎〉（Über die Grundlage der Moral），幾乎無人問津。第二版在一八六〇年出版。 同年，他稱讚倫敦成立防止虐待動物協會，以及費城動物友好協會。甚至抗議使用代詞「它」來指動物，因為「它」導致了對它們的處理，好像它們是無生命的東西。 叔本華非常依賴他的寵物貴賓犬。批評斯賓諾莎認為動物僅僅是滿足人類的手段。
一八四四年	堅持出版《作為意志和表象的世界》第二版。第一版早已絕版，且未能引起評論家和學術界絲毫興趣，第二版的購者寥寥無幾。
一八五一年	出版對《作為意志和表象的世界》的補充與說明，就是兩卷本《附錄和補遺》（*Parerga und Paralipomena*），這套書使得叔本華聲名大噪。 麥金泰爾在《倫理學簡史》中對叔本華的描述「對人性的觀察是那麼出色（遠遠超出我所說的）」可以在這套書中得到印證。 《附錄和補遺》第一卷中的「人生智慧錄」更是得到了諸如湯瑪斯·曼、托爾斯泰等人推崇備至。

年代	生平記事
一八五九年	《作為意志和表象的世界》第三版引起轟動，叔本華稱「全歐洲都知道這本書」。叔本華在最後的十年終於得到聲望，但仍過著獨居的生活，陪伴他的只有數隻貴賓犬，其中，以梵文“Atman”（意為「靈魂」）命名的一隻最為人熟悉。
一八六〇年	九月二十一日，死於呼吸衰竭，七十二歲。

經典名著文庫 209

充足理由律的四重根

Über die vierfache Wurzel des Satzes vom zureichenden Grunde

叢書策劃 —— 楊榮川
作　　者 —— 〔德〕叔本華 Arthur Schopenhauer 著
譯　　者 —— 陳曉希譯、洪漢鼎校
編輯主編 —— 蘇美嬌
特約編輯 —— 郭雲周
封面設計 —— 姚孝慈
著者繪像 —— 莊河源
出 版 者 —— 五南圖書出版股份有限公司
發 行 人 —— 楊榮川
總 經 理 —— 楊士清
總 編 輯 —— 楊秀麗
地　　址 —— 台北市大安區 106 和平東路二段 339 號 4 樓
電　　話 —— 02-27055066（代表號）
傳　　眞 —— 02-27066100
劃撥帳號 —— 01068953
戶　　名 —— 五南圖書出版股份有限公司
網　　址 —— https://www.wunan.com.tw
電子郵件 —— wunan@wunan.com.tw
法律顧問 —— 林勝安律師
出版日期 —— 2025 年 6 月初版一刷
定　　價 —— 350 元

國家圖書館出版品預行編目資料

充足理由律的四重根 / 亞瑟．叔本華 (Arthur Schopenhauer) 著；陳曉希譯 . -- 初版 -- 臺北市：五南圖書出版股份有限公司，2025.06
面；公分 . --（經典名著文庫；209）
譯自：Über die vierfache Wurzel des Satzes vom zureichenden Grunde
ISBN 978-626-393-797-0(平裝)

1.CST: 叔本華 (Schopenhauer, Arthur, 1788-1860)
2.CST: 學術思想　3.CST: 哲學

147.53　　113014089